JOURNAL D'UN BÉBÉ

DU MÊME AUTEUR
CHEZ ODILE JACOB

Les Formes de vitalité. Psychologie, arts, psychothérapie et développement de l'enfant, 2010.

Le Moment présent en psychotérapie. Un monde dans un grain de sable, 2003.

La Naissance d'une mère, avec Nadia Bruschweiter-Stern et Alison Freeland, 1998.

DANIEL N. STERN

JOURNAL D'UN BÉBÉ

Traduit de l'anglais (États-Unis) par
Corine Derblum

© ODILE JACOB, 2004, JANVIER 2012
15, RUE SOUFFLOT, 75005 PARIS

www.odilejacob.fr

ISBN : 978-2-7381-2267-4
ISSN : 1621-0654

Le Code de la propriété intellectuelle n'autorisant, aux termes de l'article L.122-5, 2° et 3° a, d'une part, que les « copies ou reproductions strictement réservées à l'usage privé du copiste et non destinées à une utilisation collective » et, d'autre part, que les analyses et les courtes citations dans un but d'exemple et d'illustration, « toute représentation ou reproduction intégrale ou partielle faite sans le consentement de l'auteur ou de ses ayants droit ou ayants cause est illicite » (art. L. 122-4). Cette représentation ou reproduction, par quelque procédé que ce soit, constituerait donc une contrefaçon sanctionnée par les articles L. 335-2 et suivants du Code de la propriété intellectuelle.

Ce livre est dédié à ma femme, Nadia

« [...] aussi, en partie, parce que je fus frappée par l'idée, hier pendant ma promenade, que ces moments pleins du sentiment d'être formaient un échafaudage dans le lointain : les parts invisibles et silencieuses de ma vie, lorsque j'étais enfant. »

Virginia Woolf

Préface à la nouvelle édition

Lorsqu'il m'arrive d'écrire une nouvelle préface à un de mes livres, je me demande avant tout quelles modifications ou quels ajouts j'aimerais y apporter. En l'occurrence, j'expliquerais la raison de l'existence de ce *Journal*. A l'époque, comme je changeais de laboratoire, mes activités professionnelles connaissaient une pause forcée. J'avais du temps devant moi et je commençais à tourner en rond. Comment m'occuper ? J'ai alors eu l'idée de me faire un cadeau en écrivant un « livre pour le plaisir », une sorte d'exercice amusant sur ce qu'un bébé vit au quotidien. Et c'est en prenant conscience que cet exercice pourrait être utile à d'autres parents que je me suis mis à l'ouvrage. Après tout, les parents sont bien obligés d'imaginer à toute heure de la journée le monde intérieur de leur nourrisson.

Et l'expérience fut effectivement un vrai plaisir. Quatorze ans après, à la relecture, je suis surtout frappé de voir combien je me sens encore proche de Joey dont c'est le journal. J'avais oublié à quel point j'avais puisé dans mes propres souvenirs et dans mes observations de mes enfants pour la rédaction de ce

PRÉFACE À LA NOUVELLE ÉDITION

journal. C'est ce sentiment d'être proche de Joey qui justifie à mes yeux l'existence de ce livre. En outre, ce que Joey y dit de lui-même ressemble fort à ma propre conception de la vie. Vous noterez que j'agis comme si Joey était un personnage réel. Et il l'est et il l'est resté dans mon esprit. Voilà pourquoi j'ai pris tant de plaisir à l'aider à « rédiger » son journal. J'en suis venu à bien connaître son esprit – un esprit différent du mien.

J'avais aussi oublié que le plaisir exige une certaine dose d'efforts. Il m'est rapidement apparu que mon « livre plaisir » faisait naître les mêmes préoccupations et interrogations que je ne cessais de rencontrer dans mon travail. A la différence près que je pouvais aborder ces questions d'un point de vue différent, leur donner un nouvel éclairage. Je n'ai pas mesuré à l'époque qu'un tel exercice révélait les principales voies que j'allais suivre dans mes réflexions et mes recherches pendant les quatorze années qui ont suivi. Dans ce sens, je dois une fière chandelle à Joey.

Quelles modifications, donc, apporterais-je à ce livre ? Quelques petits détails, évidemment, mais ce qui se détache avant tout, c'est un point de vue global sur les bébés, les êtres humains. Dans la psychologie du développement et dans la psychologie clinique, on assiste à d'importants mouvements de balancier en matière d'attitudes, de points de vue, d'idées directrices. A l'époque où je rédigeais ce journal circulait l'idée que les bébés construisent leur univers du soi, des autres et des objets lentement et au prix de beaucoup de travail, pierre par pierre, à partir de presque rien, sinon quelques préférences innées qui leur indiquent des pistes de développement. Le reste du monde fournit les sensations et les perceptions, mais le bébé leur donne une forme individuelle. Et, ce faisant, il crée un univers indépendant et intime qui lui est unique. C'est le point de vue du bébé qui se construit lui-même.

Une autre idée voisine est que le monde intérieur du bébé (ou celui de tout un chacun) est une affaire plutôt privée. Son paysage mental est non seulement intime, mais distinct et indépendant de celui des autres. Il réunit ces mondes principalement tout seul. Enfin, ce point de vue implique que le nourrisson traite les expériences dans les domaines du soi, des autres et des objets avec exactement le même équipement mental pour chacun de ces domaines. Ces trois domaines sont, en gros, édifiés de la même façon.

Aujourd'hui, on assiste à un revirement, à un mouvement dans l'autre direction, moins individualiste, plus social et plus spécifique au domaine. Nous sommes en train de redécouvrir le « bébé-créé-socialement ». Nous le voyons entouré des actes, affects, intentions, sons, désirs, sens et croyances des autres. C'est là la nourriture qui permet à son esprit de grandir et de se développer. Et cette nourriture alimente l'esprit du bébé comme le nôtre. Sans elle, l'esprit d'un bébé ne se développerait jamais – il n'existerait rien qu'on puisse qualifier d'esprit. Même un esprit adulte déjà formé commencerait à se désintégrer et à se fragmenter sans l'apport du regard et de l'esprit d'autrui. De plus en plus, nous considérons que le langage, le soi, l'identité, la moralité, la conscience et le sens sont des constructions en grande partie sociales et pas seulement le produit d'un esprit unique s'efforçant de comprendre ce à quoi le monde le confronte.

Ce « nouveau point de vue » a une autre particularité. Le bébé semble posséder des systèmes mentaux relativement différents et indépendants pour traiter avec le soi, les autres et les objets inanimés. Chacun de ces trois systèmes possède ses propres caractéristiques uniques de perception, cognition, affect et mémoire. C'est ce que j'entends quand je parle d'approche spécifique au domaine. L'autre n'est pas perçu, identifié, catégorisé, compris, ressenti et remémoré de la même manière que les objets. Dans le *Journal*, j'ai raisonné comme si les mêmes capacités mentales lors de leur apparition au cours du développement avaient autant de retentissement sur les trois domaines.

Selon ce nouveau point de vue, comment le bébé incorpore-t-il et utilise-t-il toutes ces nourritures de l'esprit qui s'offrent à lui ? Certaines découvertes scientifiques des deux dernières décennies ont contribué à donner corps à ces nouvelles idées. J'en mentionnerai quelques-unes.

Dans les neurones cérébraux existent des « neurones miroirs ». Ces neurones miroirs sont situés à côté des neurones moteurs qui, lorsqu'ils déchargent, provoquent des mouvements. Chaque action ou geste spécifique est dû à un schéma de décharge particulier des neurones moteurs. Et voilà le plus extraordinaire. Si, par exemple, vous me regardez tendre la main vers un verre sur la table, vos neurones miroirs vont décharger selon le même schéma que si vous aviez vous-même tendu la main. Cela signifie que vous vivez l'impression que cela donne d'être moi. Vous vous serez glissé dans ma peau et aurez participé à mon expérience directe. C'est une sorte de « mécanisme comme si » qui opère en dehors de la conscience.

Ces neurones miroirs semblent fonctionner non seulement pour les actions mais aussi pour les expressions faciales et les sons vocaux : une tension, une irritation, un ton affirmé, une plainte, un cri, un raclement de gorge. Là aussi, nous pouvons participer, sans y penser, à l'expérience d'un autre (sans que cela implique un contenu verbal, ou même le moindre geste). Les neurones miroirs se mettent également en branle lorsqu'on observe quelqu'un que l'on touche. Ils doivent aussi intervenir dans les étreintes et les autres actions physiques impliquant deux personnes.

Ce système de neurones miroirs est le fondement de ce qui deviendra la sympathie, l'empathie, l'identification, l'intériorisation, l'identification projective – processus avancés pour expliquer comment le monde intérieur d'autrui se construit dans l'esprit du bébé. Point important : les neurones miroirs ne fonctionnent que pour l'observation des activités humaines et non pour les objets.

Deux expériences éclairant ce point méritent qu'on s'y arrête. La première concerne les imitations des expressions faciales auxquelles se livrent les nourrissons dès leur naissance. Le meilleur exemple est celui de la langue tirée. Mettons qu'un adulte tire la langue à un nouveau-né qu'il tient à la hauteur de son visage, à la bonne distance. Si le bébé est calme et attentif, dès que l'adulte lui aura tiré la langue, il en fera autant par imitation. Comment est-ce possible ? Le bébé ne sait pas qu'il a une langue, sans parler d'un visage. Il vient de voir un schéma visuel se former sur le visage de l'adulte ; cela ne l'empêche pas de répondre par un mouvement physique. Il a traduit un schéma visuel en un schéma cinétique, ce qui lui a permis de produire une imitation fidèle. Ce genre d'imitation pendant les premiers jours de la vie n'a rien d'un réflexe. Il se fonde probablement sur le fonctionnement de neurones miroirs chez le nouveau-né, nouveau-né qui est déjà capable de participer à l'expérience d'autrui.

Citons une autre expérience merveilleuse qui va dans le même sens. Un bébé d'environ 18 mois regarde un expérimentateur essayer, en vain, de retirer des disques aux deux extrémités d'une sorte d'haltère. Le bébé ne touche pas l'haltère, il se contente d'observer. Puis il rentre chez lui. A son retour, le lendemain, quand on lui tend l'haltère, il en retire immédiatement les disques. Et il a l'air très content de lui. Il est clair qu'il a compris l'intention de l'expérimentateur, sans jamais l'avoir vu atteindre son objectif. Le bébé privilégie l'intention invisible déduite, non l'action vue.

On vérifie cette expérience en mettant le bébé en présence d'un robot qui se comporte comme l'expérimentateur avec l'haltère. Quand, à son retour, le bébé se voit confier l'haltère, il n'essaie pas d'en retirer les disques : les robots n'ont pas d'intentions ; on ne les imite pas. On peut tirer ici une conclusion globale : pour s'initier aux objets, un bébé les manipule ou les porte à sa bouche ; pour comprendre les êtres humains, il les imite. Avec leurs pairs, les enfants consacrent le plus clair de leur temps à des activités d'imitation.

Ces expériences soulignent l'importance des intentions dans la lecture des comportements humains. Nous en sommes arrivés à considérer l'intention comme la principale caractéristique de l'activité humaine que nous cherchons à identifier. Pour comprendre ce que font les gens, nous analysons leur comportement en termes d'intentions, telles que nous les déduisons. Les bébés en font autant. Comme les parents avec leurs bébés.

En bref, les bébés et nous-mêmes vivons dans une sorte de matrice intersubjective au sein de laquelle nos esprits sont perméables aux intentions, désirs, pensées et sentiments d'autrui. Nous nous en servons pour nous créer nous-mêmes, entretenir et actualiser notre création. Toutefois, dans ce processus, nous ne fusionnons pas avec l'autre, nous ne nous perdons pas en lui. Notre soi spécifique et différencié demeure.

Si je devais réécrire *Journal d'un bébé* aujourd'hui, j'incorporerais la plupart de ces nouvelles idées, notamment dans « le monde des sentiments », « le monde social immédiat » et « le monde des paysages mentaux ». Cela n'exigerait pas un énorme travail de révision, juste une intégration judicieuse d'événements et de détails bien choisis dans la vie de Joey qui illustreraient ce nouveau point de vue. En attendant, l'essentiel de ce qu'offre cette perspective constructiviste, plus sociale, aura été rassemblé ici.

Pour conclure, je dois avouer que ce livre me paraît encore bien tenir la route. Et j'espère que Joey va continuer à émerveiller les parents et à les éclairer sur le monde invisible de l'esprit des autres tel qu'il est imaginé. Car c'est là que parents et enfants vivent ensemble la plus grande partie du temps.

Genève, janvier 2004

INTRODUCTION

Des mondes se dévoilent

Ce livre est le journal intime d'un bébé prénommé Joey. Si j'ai imaginé ce journal, c'est afin de répondre aux questions que tout le monde se pose sur la vie intérieure d'un petit enfant. Que se passe-t-il dans son esprit lorsqu'il contemple votre visage, qu'il regarde un simple rayon de soleil sur le mur, ou les barreaux de son lit ? Que ressent-il quand il a faim ? Quand il tète ? Quand vous jouez face à face ? Qu'éprouve-t-il, séparé de vous ?

Voilà plus de vingt ans que je réfléchis à ces questions et que je tente d'en trouver les réponses. J'ai passé une grande partie de ces années à côtoyer des bébés. En tant que père de famille, j'ai vécu avec cinq d'entre eux. En tant que « spécialiste en pédopsychiatrie », je me suis préoccupé de leurs relations avec leurs parents. En tant que chercheur, enfin, j'en ai observé et étudié le développement.

Au début, l'expérience du jeune enfant me semblait être un problème purement intellectuel à résoudre. Mais, progressivement, j'ai fini par comprendre que l'intérêt que ce sujet m'inspirait ne provenait pas d'une simple curiosité. J'étais porté vers une quête des origines, de l'essence même de la nature humaine. Nous avons tous été bébés un jour. Nous formons tous certaines suppositions sur les bébés en général, et sur certains en particulier. Personne ne peut se trouver auprès d'un tout petit enfant, s'en occuper ou le regarder, sans lui attribuer à un moment ou un autre des pensées, des sentiments ou des besoins. En sa présence, on est forcé d'imaginer ses mondes intérieurs.

En fait, ce besoin omniprésent de lui inventer une vie intérieure m'est devenu manifeste alors que j'observais les parents et leurs enfants. J'écoutais leur bavardage anodin, les remarques que, tous autant que nous sommes, nous adressons à un bébé presque sans y penser : « Oh ! Ça te plaît, on dirait ! » « Tu n'as pas envie du vert, après tout. » « D'accord, tu es très pressé ! Je vais me dépêcher. » « Ça va mieux maintenant, tu ne trouves pas ? » C'est grâce à ce genre d'interprétations que les parents savent comment ils doivent agir ensuite ; cela détermine leurs sentiments et leurs pensées. De même que la recherche et la pratique clinique, ainsi d'ailleurs que tout le développement final de l'enfant, de même la relation parentale dépend de ces interprétations.

La plupart des parents veulent et ont besoin de savoir ce qui se passe dans la tête de leur bébé à certains moments – quand il a faim, qu'il regarde fixement au loin ou qu'il se met tout à coup à pleurer alors qu'il était en train de jouer. Ce sont des situations où ils tentent de se mettre dans la peau de leur enfant, de se glisser dans son esprit et d'agir comme s'ils avaient une idée assez juste de ce qui s'y passe. Lorsqu'ils ne peuvent s'identifier à lui, ils s'efforcent de le deviner de leur mieux – tentative inévitablement entachée par leur propre vision du monde. Si par exemple on décèle de la colère dans les pleurs d'un bébé, il est probable qu'on réagira soi-même par de la colère ou de la culpabilité. Si on y lit seulement du désarroi, on éprouvera et l'on exprimera sans doute de la compassion. La réponse de l'adulte dépend en grande partie de la façon dont lui-même était traité dans son enfance, c'est-à-dire de la manière dont ses propres parents interprétaient ses sentiments et son comportement.

Ces inévitables conjectures, ces interprétations concernant l'expérience du bébé sont généralement constructives et utiles. Quand on aime quelqu'un, on a envie de partager ses sensations. De fait, c'est là que commencent l'empathie et l'intimité. Imaginer les sensations du bébé est une nécessité aussi bien pour les parents que pour l'enfant. S'il est sur le point de pleurer ou s'il éclate de rire en regardant votre nez, que faites-vous ? Vous devinez ses motivations, ses désirs et ses sentiments d'après son expression et ce qui vient de se passer entre vous deux : votre imagination, s'appuyant sur l'attitude de votre enfant, conçoit une interprétation. C'est précisément cette interprétation qui sera votre principal guide dans votre attitude vis-à-vis de lui, et qui l'aidera à se familiariser avec sa propre expérience. Il ne sait peut-être pas exactement ce qu'il éprouve, à quel endroit il l'éprouve, ce qu'il veut ou ce qui le tourmente. Ses désirs, ses motivations, ses sentiments sont relativement vagues. C'est votre interprétation qui l'aide à les définir, à structurer son univers.

D'ailleurs, par nécessité, les parents consignent au jour le jour les sensations et les réactions qu'ils attribuent à leur bébé. Ils composent pour lui une « biographie » progressive, qu'ils consultent en permanence. Ainsi, cette biographie sert de dictionnaire et de cadre de référence à la fois dans leur manière de considérer leur bébé et dans la manière dont lui-même se considère. Elle lui restera par conséquent, toute la vie.

Dans la pratique clinique, je vois la preuve frappante non seulement de l'influence que ces interprétations exercent sur l'enfant mais du besoin des parents de lui inventer une expérience intérieure. Ils peuvent prendre des références relativement lointaines : « Il est fort et tranquille : tout le portrait de son grand-père. » « Elle ressemble tellement à ma mère qui est morte ! Elle a les mêmes manières. » « Un jour, il sera riche et célèbre, et la chance tournera enfin pour notre famille. » Les points de référence sont parfois plus directs : « Elle est si active, si éveillée ! Pas du tout comme moi. » « J'espère qu'il ne sera pas aussi timoré que j'ai pu l'être autrefois ! » « Il a hérité du charme de son père. » Ces remarques, issues des expériences passées et présentes des parents, reflètent des craintes, des aspirations et des désirs profonds. Tout le monde se livre à de telles « imaginations », mais des problèmes psychologiques peuvent advenir quand le rêve des parents est en contradiction avec l'expérience réelle de l'enfant.

La famille contribue également à la construction de l'expérience personnelle. Par définition, l'enfant devient membre de la famille dans laquelle il est né, et chaque famille possède ses propres règles pour interpréter l'expérience personnelle. Chez certaines, la colère est réprouvée ; chez d'autres, elle est jugée acceptable, voire potentiellement saine. Chez d'autres encore, elle n'a même pas le droit d'exister et n'est pas reconnue comme une expérience « légitime ». Le bébé découvre partiellement ces règles quand sa propre expérience est interprétée exclusivement de certaines façons. La vie intérieure de chaque nourrisson est ainsi façonnée différemment.

Bien entendu, la société part elle aussi de certaines suppositions pour interpréter et façonner l'expérience de ses membres, par le biais de l'école et d'autres institutions. Par exemple, les théories cliniques relatives aux changements du développement – comme celles de Freud, de Margaret Mahler ou d'Erik Erikson – s'inspirent et reposent sur des conceptions cachées ou non formulées de la nature de l'expérience infantile. Cela vaut aussi pour la recherche en pédiatrie, où les expériences et les observations sont souvent régies, implicitement, par la vie intérieure que nous prêtons au nourrisson.

Ainsi, les parents et les psychologues – de même que tous ceux qui jouent un rôle auprès d'enfants – construisent un genre de biographie. En imaginant le journal intime du petit Joey, je pousse ce processus d'un cran pour fabriquer une sorte d'autobiographie. Je l'ai conçue non seulement pour éclairer les parents sur la vie intérieure de leur bébé, mais comme une stratégie de recherche qui m'a fait aboutir à certaines hypothèses sur les perceptions, les émotions et les souvenirs infantiles, et sur la manière dont un bébé vit son propre développement, son propre passé.

Je n'ai nullement forgé ce journal de toutes pièces. La conjecture, l'imagination et les faits, tous issus de nos connaissances pédiatriques actuelles, en forment la trame. Ces dernières décennies, l'observation scientifique du jeune enfant a connu une révolution ; en fait, on dispose d'observations plus systématiques sur les deux premières années de la vie que sur toutes les phases ultérieures.

Cette révolution s'est en partie produite lorsqu'on a appris à poser au bébé des questions auxquelles il était vraiment capable de répondre. Dès qu'on a découvert quelles réponses étaient possibles, on a pu poser les bonnes questions. Par exemple, une bonne réponse potentielle consiste à tourner la tête d'un côté ou de l'autre — même un nourrisson peut le faire volontairement. Une bonne question est donc : un nouveau-né de deux jours peut-il reconnaître sa mère à l'odeur ? La question et la réponse potentielle ont été mises en corrélation de la façon suivante : un coussinet d'allaitement humidifié par le lait maternel fut placé, sur l'oreiller, à la droite d'un bébé de plusieurs jours. Un second coussinet humide, pris chez une autre mère, fut placé à sa gauche. L'enfant tourna la tête à droite. Lorsqu'on inversa la place des coussinets d'allaitement, il tourna la tête à gauche. Non seulement il reconnaissait l'odeur de sa mère, mais il la préférait et réagissait en tournant la tête.

Une autre bonne réponse potentielle vient de la façon de téter, ce que, d'évidence, tous les nourrissons savent très bien faire. Ils prennent plusieurs petites gorgées rapides, marquent une pause puis se remettent à téter. Ils sont capables de contrôler la durée des pauses et le nombre des gorgées. Pour répondre à la question : « Qu'aiment regarder les bébés ? » on peut placer dans la bouche du nourrisson une tétine munie d'une puce électronique et relier cette tétine à un projecteur à diapositives, de sorte que le bébé puisse voir la projection. Un enfant d'environ trois mois apprend rapidement que chaque fois qu'il veut passer à une nouvelle photo, il lui suffit de téter, et que lorsqu'il veut en regarder une, il doit s'arrêter. Il fait défiler les diapositives à un rythme qui reflète son intérêt pour chaque image. Grâce à ce type d'expérience, utilisant des images bien définies, il est possible d'étudier et d'inventorier les préférences visuelles du nourrisson.

On peut également relier la tétine à puce à deux magnétophones, l'un contenant un enregistrement de la mère, le second la voix d'une autre femme prononçant les mêmes mots. Dans ce dispositif, l'enfant tète afin d'écouter plus longuement la voix de sa propre mère, indiquant ainsi qu'il la reconnaît. Par la fixité ou le mouvement de son regard, son rythme cardiaque ou le gigotement de ses jambes, un bébé est capable d'apporter d'autres réponses potentielles aux milliers de questions que nous avons envie de lui poser. Toutes sont utilisées dans la recherche contemporaine.

La télévision a aussi créé une révolution en permettant d'affiner l'observation des jeunes enfants et de leurs parents lorsqu'ils sont ensemble. A présent, on peut faire un arrêt sur image, revoir un geste ou une expression à plusieurs reprises, en mesurer exactement la durée. Dans l'étude du comportement humain − en particulier de l'interaction non verbale −, la caméra a été un instrument de recherche aussi important que le microscope, qui révéla des organismes jusqu'alors invisibles.

Dans la mesure du possible, j'ai fondé les éléments du journal de Joey sur nos connaissances actuelles concernant le jeune enfant. Certaines sont le fruit de mes propres recherches ; pour la plupart, des travaux de chercheurs et d'observateurs du monde entier. En fin d'ouvrage figure une bibliographie extrêmement sélective des principales découvertes qui l'ont inspiré.

La structure de ce journal a pour base les sauts qui surviennent dans le développement du bébé. Chaque saut introduit l'enfant dans un monde d'expérience plus complexe. Pour montrer comment, selon toute vraisemblance, un bébé vit cette découverte, je fais retracer à Joey sa progression à travers cinq mondes d'expérience successifs, de son plus jeune âge au moment où, à quatre ans, il est prêt à aller de l'avant et à créer sa propre histoire. Ainsi, à six semaines, Joey se trouve dans le premier de ses mondes, le monde des sensations, où c'est la tonalité intrinsèque de chaque expérience qui ancre ses impressions.

DES MONDES SE DÉVOILENT

Là, il ne se préoccupe pas de la manière ou de la raison pour laquelle quelque chose s'est passé, mais de l'expérience brute elle-même ; non de faits ou d'objets, mais de sensations : les siennes. A quatre mois, il entre dans le monde social immédiat. Dans ce monde du « ici et maintenant, entre nous », il décrit la relation quasi chorégraphique qui l'unit à sa mère, les mouvements subtils par lesquels ils régulent le flot de leurs sentiments. Ainsi, Joey nous présente la danse à laquelle, fondamentalement, nous prenons tous part les uns et les autres au long de notre vie.

A douze mois, Joey découvre qu'il a un esprit et que les autres en ont un aussi. Dans le monde des paysages psychiques, il prend conscience de ces événements intérieurs que sont les désirs et les intentions. Il découvre que les paysages psychiques de deux personnes peuvent se chevaucher : il arrive qu'on ait la même chose à l'esprit que quelqu'un d'autre. Par exemple, il en vient à savoir à la fois que sa mère sait qu'il a envie d'un gâteau, et qu'elle sait qu'il sait qu'elle le sait.

Quelque temps plus tard, à vingt mois, Joey nous emmène dans le monde des mots, avec son mélange paradoxal d'avantages et d'inconvénients. Là, il découvre que des symboles sonores peuvent ouvrir de nouvelles perspectives à l'imagination, à la communication et, en même temps, dévaster ses anciens mondes non verbaux.

Enfin arrive le grand saut, à l'âge de quatre ans, où Joey devient capable de parler de lui en faisant entendre sa propre voix. Alors, il possède la faculté de réfléchir à ses expériences, d'en discerner le sens puis de construire à leur propos un récit autobiographique qu'il relatera à un interlocuteur. Il est entré dans le monde des histoires.

Dans son journal, Joey aborde un large éventail d'expériences et d'événements courants que chaque parent reconnaîtra : banals, pour certains, comme de regarder les barreaux du lit, ou cruciaux, comme d'avoir faim. A chaque âge, la description des minutes où sont vécues ces expériences permet de montrer le processus et l'effet des moments les plus ordinaires comme des plus extraordinaires qui marquent le développement du jeune enfant. Chacun d'eux est riche d'implications. C'est un microcosme dans un grain de sable.

La plupart des journaux intimes sont, par nécessité, une narration au passé. Dans le journal de Joey, en revanche, tout se passe au présent. Les événements s'y inscrivent directement dès le moment où il en fait l'expérience, sans délai, sans la reconstruction qu'un adulte jugerait nécessaire pour « fixer le présent ». Les événements exposés dans son journal sont pareils à des rêves en train d'être filmés.

Bien évidemment, le bébé ne dispose pas du langage. Il ne sait pas se servir des mots pour écrire, parler ou même penser. Ainsi, j'ai créé une voix pour Joey. Afin de saisir l'essence de ses expériences non verbales, j'ai emprunté librement aux sons, aux images, au temps, à l'espace et au mouvement. A mesure que Joey, en grandissant, devient mieux à même de différencier ses expériences, les descriptions portées dans son journal se font plus détaillées. A mesure que sa mémoire s'améliore, elles gagnent en longueur et s'étoffent de parties plus nombreuses.

Bien qu'il m'ait fallu utiliser le langage pour lui donner une voix, j'ai tâché de faire en sorte que ce langage reflète les aspects de sa vision du monde. A six semaines, par exemple, Joey n'emploie pas les pronoms personnels (*je, moi, elle*) parce qu'il ne fait pas encore la différence entre lui et sa mère, ou toute autre personne s'occupant de lui. De façon similaire, les références temporelles comme *alors* ou *après* apparaissent seulement lorsqu'il a une certaine notion de la manière dont des événements se succèdent. Et les conjonctions, tel *parce que,* ne surviennent que lorsqu'il a acquis un sens substantiel de la causalité.

Chacune des parties de cet ouvrage s'attache à l'un des mondes qui se dévoilent successivement dans la vie d'un bébé : le monde des sensations, le monde social immédiat, le monde des paysages psychiques, le monde des mots et le monde des histoires. Au commencement de chaque partie, je présente les nouvelles facultés dont Joey dispose à l'âge particulier où se constitue ce nouveau monde d'expérience. Les différents chapitres ont pour centre un événement survenu au cours d'un matin ordinaire. On voit l'événement sous trois angles : d'abord, une brève indication scénique pour planter le décor, puis la relation que Joey en donne dans son journal, avec la voix dont je l'ai doté et, enfin, mes commentaires sur son expérience, à la lumière de nos connaissances concernant la petite enfance.

La répétition du même événement à un âge différent –

par exemple, la réaction de Joey devant une tache de soleil à six semaines, puis à vingt mois — me permet de souligner les changements survenus dans son développement entre le monde des sensations et celui des mots. Au dernier chapitre — le seul où Joey s'exprime par sa voix —, un grand nombre de ces mêmes moments reparaissent, mais transformés, intégrés à sa propre histoire.

A mesure qu'il mûrit, Joey rencontre chaque monde, successivement. Pourtant, il ne laisse jamais complètement les précédents derrière lui. Le nouveau monde ne les remplace pas ; il vient s'y ajouter. Ainsi, quand Joey entre dans le monde social immédiat, celui-ci n'exclut ni n'absorbe pas totalement le monde des sensations, mais lui ajoute une note. De même que lorsqu'en musique on ajoute une note à une première, chacune résonne différemment en présence de l'autre, chaque monde, en venant s'ajouter à ceux qui existent déjà, les altère.

Nous vivons dans tous ces mondes en même temps. Ils se recouvrent en partie, sans jamais disparaître. C'est de leur interaction que naît la richesse de l'expérience humaine, dont on perçoit le mieux la dynamique dans le monde des histoires. Ainsi, ce *Journal d'un bébé* retrace un voyage à travers des mondes qui, très tôt, viennent se révéler à chaque être humain, pour durer la vie entière.

I

LE MONDE DES SENSATIONS.
JOEY À SIX SEMAINES

Entrez dans le monde de Joey, tel qu'il le perçoit à son tout premier âge, et rappelez-vous ce que vous n'avez jamais vraiment oublié. Imaginez qu'aucune des choses que vous voyez, touchez ou entendez n'a de nom ou de fonction, que rares sont celles auxquelles s'attache un souvenir quelconque. L'expérience de Joey, par rapport aux objets et aux événements, est faite principalement des *sensations* que ceux-ci provoquent en lui. Il ne les ressent pas comme des objets en eux-mêmes, ni en fonction de leur usage ou de leur nom. Quand ses parents l'appellent « chéri », il ne sait pas que *chéri* est un mot et que c'est lui qu'il désigne. Il ne le remarque même pas particulièrement en tant que son, distinct d'une lumière ou d'un contact physique. Mais il est attentif à la manière dont ce son coule sur lui. Il le sent glisser, doux, facile et apaisant ; ou bien sa friction, turbulente et stimulante, le rend plus alerte. Ainsi, chaque expérience a sa propre tonalité, son registre de sensation, pour les nourrissons comme pour les adultes. Mais nous y accordons moins d'attention. Notre sentiment d'être ne se concentre pas sur cet aspect autant que chez Joey.

Maintenant, faisons comme si le seul milieu sensoriel était une ambiance, un climat. Ce sont les chaises, les murs, la lumière et les gens qui, à eux tous, forment ce climat, ce paysage *, ce moment spécial d'un certain jour ou d'une certaine nuit, dont l'atmosphère et la force, uniques, dérivent d'une combinaison particulière de vent, de lumière et de température. Là, il n'y a pas d'objets que les intempéries puissent affecter, pas de feuillages bruissant sous la brise, pas de champ ou d'abri criblés par la pluie. Enfin, dans ce climat-paysage, il n'y a pas un vous qui se tient à l'extérieur et observe ce qui se passe. Vous en faites partie. L'atmosphère et la force qui y prédominent peuvent venir de vous, et façonner ou colorer tout ce que vous voyez au-dehors, ou bien naître au-dehors et résonner en vous. De fait, la distinction entre dedans et dehors est encore vague : l'un et l'autre peuvent sembler appartenir à un seul espace continu. Adultes, nous connaissons de nombreux moments où les mondes intérieur et extérieur paraissent exercer l'un sur l'autre une influence directe, s'interpénétrer presque librement. Par

* Sur le modèle de l'anglais *landscape*, « paysage », Daniel Stern crée ici un néologisme en inventant le terme *weatherscape*, formé de *weather*, qui renvoie au temps dans son sens climatique – l'état de l'atmosphère à un moment donné, considéré surtout dans son influence sur la vie et l'activité humaines. Le suffixe *-scape* est parfaitement équivalent au « -scope » français. L'expression « climat-paysage » a donc semblé plus appropriée pour rendre l'idée de l'auteur. On trouvera un néologisme similaire avec *worldscape*, page 50.

exemple, le monde intérieur passe à l'extérieur lorsque, en voyant une personne proche commettre un acte odieux, on éprouve soudain un sentiment de dégoût. Le monde extérieur passe à l'intérieur quand on découvre, en sortant le matin, un ciel clair et ensoleillé auquel on ne s'attendait pas. Le moral remonte, on se sent plus léger. Chez les adultes, ces brèches dans la barrière entre dedans et dehors sont de courte durée. Chez les nourrissons, elles sont presque constantes.

Pour l'être humain, un climat-paysage représente un moment unique de sentiments en mouvement. Il n'est pas statique à l'image d'une photographie. Il a une durée, de même qu'un accord, un arpège ou une phrase musicale. Il peut durer d'une fraction de seconde à des minutes entières. Et pendant le laps de temps dont est fait ce moment, les sentiments, les perceptions de Joey changent en rythme. Chaque moment a sa propre séquence de sentiments en mouvement : un subit accroissement d'intérêt, une faim douloureuse, déferlant puis refluant telle une vague, une chute de plaisir. C'est par cette enfilade de moments que Joey fait sa première expérience de la vie.

Les chapitres de la première partie décrivent quatre moments de ce genre tels qu'ils se succèdent, en une seule matinée, alors que Joey est âgé de six semaines. Dans le premier, Joey contemple un rayon de soleil sur son mur (« Une tache de soleil »). Puis il regarde deux barreaux de son lit et, à travers leur intervalle, le mur qui se trouve au-delà (« Chants de l'espace »). Il a faim et pleure

(« Tempête ») et, pour finir, est allaité (« La tempête s'apaise »). A la manière de plans cinématographiques, les moments peuvent être enchaînés, fondus, coupés brusquement l'un par l'autre, ou séparés par un blanc. Joey ne se représente pas clairement la façon dont il passe de l'un à l'autre, ni ce qui se produit entre-temps. (Est-ce si clair pour nous ?) Mais tous ses sens se concentrent sur chacun d'eux, et il les vit intensément. Pour un grand nombre, ce sont les prototypes de moments qui se répéteront tout au long de sa vie.

1

Une tache de soleil
7 h 5

Joey vient de s'éveiller. Il fixe des yeux une tache de lumière sur le mur, près de son lit.

❧

Un espace s'embrase là-bas,
Un doux aimant attire pour capturer.
L'espace devient plus chaud et s'anime.
A l'intérieur, des forces commencent à tourner l'une autour de l'autre en une danse lente.
La danse se rapproche, se rapproche.
Tout se soulève à sa rencontre.
Elle vient toujours. Mais elle n'arrive jamais.
Le frémissement s'en va.

☙

Pour Joey, la plupart des rencontres avec le monde sont riches d'émotions et spectaculaires – spectacle dont les éléments et la nature ne nous sont pas évidents, à nous, les adultes. D'entre tous les détails de la pièce, c'est une tache de lumière, formée par le soleil, qui attire et retient l'attention de Joey. Son éclat et son intensité le captivent. A six semaines, il voit tout à fait bien, quoique pas encore de façon parfaite. Il a déjà conscience de différences de couleurs, de formes et d'intensités. Et il est né doté de fortes préférences quant à ce qu'il veut regarder, quant à ce qui lui plaît. Parmi ces préférences, l'intensité vient en tête. C'est l'élément le plus important de cette scène. Le système nerveux du bébé est préparé à évaluer immédiatement l'intensité d'une lumière, d'un son, d'un contact – de tout ce qui est accessible à l'un de ses sens. Le degré d'intensité qu'il éprouve est probablement le premier indice dont il dispose pour savoir s'il faut s'approcher ou se tenir à l'écart. L'intensité peut l'amener à essayer de se protéger. Elle peut guider son attention et sa curiosité, déterminer son niveau interne d'intérêt. Si l'intensité n'est que moyenne (comme celle d'une lampe allumée en plein jour), elle l'attire faiblement. Si elle est trop intense (comme la lumière crue du soleil), il l'évite. Mais si l'intensité est modérée, comme celle de la tache sur le mur, il est fasciné. Cette intensité tout juste supportable le stimule. En réponse, son comportement se modifie immédiatement. Son animation s'accroît, tout son être devient actif. Son attention se fait plus vive. La tache lumineuse est un « doux aimant », dont il ressent la force.

A cet âge, Joey est également attiré par ce qui est enclos dans un cadre nettement délimité. Les contours du carré projeté par le soleil retiennent ses yeux à la frontière entre la partie claire et la partie foncée du mur. En un sens, la lumière attire et les limites retiennent.

Comment Joey sait-il que l'espace embrasé se trouve « là-bas » ? Comment sait-il qu'il n'est pas tout près, « ici », à portée de main ? Dès son jeune âge, Joey est capable d'évaluer les distances et les angles. Bientôt il divisera tout espace en deux zones distinctes : un monde proche, à la portée de son bras tendu, et un monde lointain, au-delà. Il faudra encore quelques mois pour qu'il soit capable de tendre la main et d'attraper avec précision ce qu'il veut. Néanmoins, à six semaines, c'est ainsi qu'il se prépare à distinguer l'accessible du non-accessible. (Cette faculté est une étape vers le geste crucial de tendre la main, qui lui permet de définir les choses réellement à sa portée. Il serait vain de chercher à attraper la lune ou, plus prosaïquement, des objets placés à l'autre bout de la pièce.) Son espace n'est pas continu, « sans coutures », comme celui de l'adulte. C'est comme si une bulle se formait autour de lui, avec pour rayon la longueur de son bras. Même les bébés aveugles, quand ils commencent à tendre la main, ne cherchent à atteindre un objet sonore que lorsqu'il est situé dans ce rayon. Ils découpent la distance de la même façon que les bébés voyants, mais par l'intermédiaire de l'ouïe, non de la vue. Ainsi, la tache de soleil, se situant au-delà de la portée future de Joey, est « là-bas ».

Pourquoi cette tache s'anime-t-elle, lui révélant des forces qui tournent l'une autour de l'autre en une danse lente ? Ces phénomènes sont liés à la manière dont il explore la tache des yeux, tendant vers elle son attention. A cet âge, les bébés fixent souvent les objets comme si leur regard était captivé, comme s'ils ne pouvaient le détacher. Dans cet état, ils paraissent en pleine activité mentale, contrairement aux adultes, qui semblent alors perdus dans une vague rêverie.

Les parents peuvent se sentir défiés, sinon déstabilisés, dans ces moments de la vie. Imaginons que vous tenez votre petite fille de six semaines dans vos bras. Vous êtes face à face. Vous, vous avez envie de jouer mais, pétrifiée, elle garde les yeux rivés sur un endroit situé quelque part à la racine de vos cheveux. Vous voulez qu'elle vous regarde dans les yeux et vous lui souriez pour attirer son attention. Mais votre sourire n'est pas payé de retour. Il se peut que, comme la plupart des parents, vous continuiez à essayer de capter son regard. Vous inventez des grimaces idiotes, vous la faites passer d'un côté à l'autre de vos bras, dans l'espoir que ce mouvement physique libérera son regard. Mais il est très possible qu'elle continue à contempler vos cheveux. Beaucoup de parents considèrent cela comme un véritable geste de rejet, et renoncent parfois, provisoirement, à établir un contact visuel. Néanmoins, il ne s'agit pas d'une marque de rejet mais d'un phénomène normal. C'est ce qu'on appelle l'*attention obligatoire*.

Certaines fois, vous réussissez à détourner et à retenir le regard de votre enfant ; d'autres, vous n'y parvenez pas. Mais, même dans ce dernier cas – même lorsqu'elle ne quitte pas des yeux la racine de vos cheveux, la ligne de démarcation qu'ils forment avec votre front –, vous avez souvent l'impression que, d'une certaine façon, elle se rend compte de vos mimiques. C'est tout à fait vrai. Elle est attentive à votre visage, mais périphériquement. C'est le cadre qui la fascine, pas le tableau. Et tout est là.

Joey fixe la limite du carré de lumière sur le mur. Mais ce n'est pas parce qu'il fixe son regard sur un point unique qu'il ne prête attention qu'à ce point. Bien qu'en général on n'en soit pas conscient, on peut facilement séparer la *vision* (le regard se posant sur un point exact) de *l'attention* (l'esprit s'attachant à un point exact). Quand on conduit, on fixe les yeux sur la route, devant soi, mais l'attention peut vagabonder d'un côté ou de l'autre (vers les objets de la vision périphérique), se porter très loin en avant ou plonger dans le passé. Ou, pour prendre un meilleur exemple, quand on fixe un point sur une page blanche, au bout d'un moment, lassée, l'attention – mais non les yeux – commence à s'écarter de ce point précis pour s'intéresser aux zones qui l'entourent. Tandis qu'elle glisse sur ces nouvelles zones, celles-ci semblent changer, voire disparaître. Parfois, des couleurs flottent. Ce qui, auparavant, paraissait blanc se teinte d'une pointe de vert ou de rouge, ou des deux nuances alternativement. Il se peut aussi que les ombres se déplacent, comme dans un lent jeu de lumière sur le flanc d'un coteau, au passage des nuages. Ou encore, la surface de la page semble s'altérer autour du point fixé : elle se gondole, se bombe, se recourbe. Ces illusions se produisent lorsque l'attention et la fixation visuelle se dissocient et s'opposent.

Joey, lui aussi, se lasse bientôt de regarder le même point précis, à la limite du carré de soleil. Il est probable que sa vision focale est retenue par ce point, tandis que son attention s'en éloigne. Celle-ci commence à explorer l'intérieur du carré lumineux qui apparaît dans le champ de vision périphérique. Et, aussitôt, Joey a les mêmes illusions d'optique qu'un adulte. La tache « s'anime », se met à bouger, à changer de couleur et de forme. Il ignore que ce ne sont que des illusions imposées à l'esprit par un conflit entre la vision et l'attention. Pour lui, la tache, en s'animant, révèle le jeu de forces. Il y voit une danse. Il entre dans une relation dynamique et réciproque avec la tache. Toutes ses perceptions sont comparables à celle-là. Il n'y a pas d'objets « morts », inanimés, là-bas. Il n'y a que différentes forces en train de jouer. Et, à mesure que Joey s'engage dans ce jeu, la tache de soleil devient dynamique et commence une lente danse tournante.

Elle paraît se réchauffer et se rapprocher sans cesse, sous l'effet du jeu de couleurs. Les bébés de cet âge voient en couleur. Le soleil porte évidemment un éclat jaune sur le mur blanc ; ce dernier, par contraste, a l'air légèrement bleuté là où les rayons ne le frappent pas. Les couleurs « chaudes » et intenses, comme le jaune, semblent avancer, tandis que les couleurs « froides », comme le bleu, paraissent reculer. Aussi, Joey voit la tache avancer vers lui, et sa périphérie immédiate s'éloigner. L'espace a un centre, animé par le spectacle de forces dansantes, qui approche en un lent crescendo et lui donne l'illusion d'être à sa portée, sans l'atteindre pour autant. La périphérie recule lentement. Le carré lumineux, semblant avancer par rapport au mur, paraît constamment s'ouvrir sur lui-même, vers l'extérieur.

Dans cette interaction avec une tache de soleil, Joey a l'impression que tout se soulève « à sa rencontre », il éprouve une sorte de promesse (« Elle vient toujours »), puis, enfin, le suspense (le « frémissement ») tombe. Le jeu des illusions et des sensations le fascine. C'est une féerie de lumière qui captive non seulement son regard mais tout son système nerveux. Les bébés aiment les expériences où la stimulation et l'excitation montent, pourvu que ce ne soit ni trop rapide ni trop violent. (Quand on veut retenir l'attention d'un nourrisson, on adopte instinctivement une expression et un ton plus enjoués.) Ils ont tendance à s'ennuyer et à se désintéresser de situations où la stimulation est faible ou monotone. Aussi, au bout d'un moment, Joey se lasse du jeu des apparences qu'il voit dans la tache de soleil. Cette approche infinie cesse d'être neuve et palpitante. Son attention disparaît soudain, et il cherche ailleurs une expérience différente. A cet instant, il détourne la tête du mur ensoleillé.

2

Chants de l'espace
7 h 7

Joey vient de se détourner du mur ensoleillé et regarde les barreaux de son lit puis, au-delà, le mur opposé, plus sombre.

❧

Soudain un morceau d'espace se détache.
C'est un pilier, mince et tendu.
Il est immobile et chante une mélodie claire.
Maintenant, venues de tout près, d'autres notes s'insinuent.
Il y a, tout proche, un autre pilier d'espace.
Il chante aussi en harmonie avec le premier.
Les deux mélodies se mêlent en un étroit duo, l'une sonore, l'autre douce.
Au loin, de grands volumes calmes se montrent maintenant.
Ils marquent un rythme plus lent, plus profond.
Le duo proche et clair rejoint le lent rythme lointain et en revient.
Les deux espaces s'entrelacent en un chant unique qui emplit le monde.

Puis, venue d'ailleurs, résonne une note différente.
Une étoile filante passe, fulgurante, et vite disparaît.

☙

Dès que Joey tourne la tête, commence la confrontation, sinon l'affrontement, avec le barreau de lit, sombre et lustré, qui est le plus proche de son visage. Savoir si ce barreau a bondi jusque-là, mû par une impulsion propre, ou s'il n'est apparu que lorsqu'il a tourné la tête n'est pas encore au nombre de ses préoccupations. Il en prend conscience – « soudain » –, non en toile de fond mais devant lui et au premier plan.

Ce barreau se détache distinctement du mur plongé dans l'ombre et des autres espaces au-delà. Il est fait d'un bois foncé vernis. Il retient facilement l'attention de Joey. D'abord, en raison de sa proximité, ses contours semblent bien définis, plus nets, plus droits, plus tranchants. A cet âge, Joey ne peut adapter que partiellement sa vue en fonction des distances. Du fait qu'il ne distingue pas encore clairement l'autre côté de la pièce, la plus grande partie du mur opposé lui semble brouillée, et cependant visible – de même que les détails d'un paysage lointain sont confus aux yeux d'un adulte.

Pour lui, le barreau de lit n'est pas simplement un objet en bois. C'est un volume d'un genre particulier, au milieu des nombreux autres volumes et espaces qui l'entourent. Mais ce barreau a un registre de sensation différent du reste de l'espace. Le terme *registre de sensation* désigne les diverses impressions que le barreau peut susciter chez quelqu'un qui ne le percevrait pas comme un élément mineur d'un meuble d'enfant, mais en tant qu'objet en et par lui-même – ainsi qu'on percevrait, par exemple, une sculpture abstraite. Comment l'imaginer ?

Dans le jeu des Portraits chinois, celui qui « y est » pense en secret à quelqu'un, puis annonce qu'il s'agit d'une personne. Les autres joueurs essaient d'en découvrir l'identité en posant un genre particulier de questions : « Si c'était une étoffe, quelle serait sa texture ? » « Si c'était une couleur ? » « Et si c'était une note de musique ? » « Si c'était une chanson, qui l'aurait composée ou interprétée ? » « Si c'était un moment du jour ? » « Si c'était une température, une condition météorologique, un goût... », et ainsi de suite.

Pour jouer, les participants doivent avoir en commun bien plus qu'une connaissance de la personne dont ils tentent de percer l'identité. Ils doivent être capables d'appréhender certaines qualités propres à l'expérience : tension, dureté, douceur, clarté, éclat, intensité, vitesse, rondeur, finesse. Ils doivent appréhender ces qualités par l'exercice des cinq sens : vue, goût, toucher, ouïe, odorat. De plus, ils doivent être à même d'identifier la qualité qui dérive d'un mode sensoriel, par exemple, la vue, et de la traduire dans n'importe quel autre mode, par exemple, l'ouïe. La richesse de certains effets poétiques repose sur cette faculté intuitive d'opérer une transposition entre les sens, comme dans ces vers de Baudelaire, tirés du poème *Correspondances* (1857) :

LE MONDE DES SENSATIONS

Il est des parfums frais comme des chairs d'enfants,
Doux comme les hautbois, verts comme les prairies
— Et d'autres corrompus, riches et triomphants.

Les enfants viennent au monde avec la faculté innée de jouer aux Portraits chinois. Leur système nerveux est ainsi fait qu'ils en sont capables sans expérience préalable. Bien entendu, l'expérience est utile. Par exemple, un bébé de trois semaines auquel on a bandé les yeux et auquel on a donné une tétine de forme nouvelle, qu'il n'a jamais vue ni touchée auparavant, la suce immédiatement pour la découvrir. Lorsqu'on la lui ôte de la bouche, qu'on la place à côté d'une autre tétine que l'enfant n'a jamais vue et qu'on enlève le bandeau, il regarde longuement la tétine qu'il vient de sucer, ce qui permet d'inférer qu'à présent il la reconnaît et la distingue de la seconde. En d'autres termes, le bébé est capable d'abstraire, par le toucher (en tétant), la forme de la tétine et de transférer au mode visuel sa connaissance de cette forme. Ainsi, un bébé en vient à savoir à quoi devrait ressembler l'objet qu'il a sucé. La tétine est devenue visuellement « familière ».

Or, pour Joey, les barreaux du lit possèdent certaines qualités abstraites : une forme mince, allongée et rectiligne, des reflets brillants et vernissés sous la lumière, une densité élevée, une forme ou une silhouette nette qui tranche sur un arrière-plan plus diffus. Chacune de ces qualités abstraites suscitant une sensation en lui, le barreau provoque une expérience émotionnelle. De la même manière que les adultes jouent aux Portraits chinois en utilisant à la fois leurs perceptions et leurs sensations, Joey tente de capturer une « expérience essentielle » : si c'était une chanson, cela ressemblerait à l'harmonie étroite et pleine d'entrain d'un hautbois et d'un cornet. Telle est la « claire mélodie » que chante le barreau. Ces registres de sensation qui captivent Joey ne sont en rien différents des nôtres ; seulement, nos moyens et la diversité de nos expériences nous permettent de les traduire et de les exprimer.

« Maintenant, venues de tout près, d'autres notes s'insinuent. » Joey commence à s'apercevoir que ce barreau n'est pas le seul de son espèce. Il est probable qu'il ne remarque pas immédiatement le barreau voisin ; c'est plutôt une présence qui s'impose lentement à lui. Le fait de voir le premier le prépare à remarquer le deuxième. Cela ressemble à l'expérience banale que tous nous avons faite de rencontrer un mot nouveau qui, les jours suivants, nous saute constamment aux yeux comme si, en définitive, il n'était pas tellement rare. La raison n'en est pas claire, mais cela se passe probablement à peu près ainsi : le premier barreau que voit Joey (le nouveau mot que nous entendons) établit un mode spécifique d'activation, tant visuel qu'émotionnel, qui inclut le registre de sensation du barreau. Tant que ce nouveau mode reste actif, Joey a de grandes chances de rencontrer dans le monde extérieur quelque chose qui y corresponde. Ainsi, le seuil au-delà duquel il remarquera le deuxième barreau, de préférence aux autres objets qui l'entourent, se trouve abaissé.

Joey tourne alors son regard vers le barreau voisin, et la première difficulté se pose à lui : juger si deux choses sont les mêmes. Le second barreau provoque une expérience comparable ; il chante « une chanson similaire mais non identique. » Les jeunes enfants cherchent naturellement à évaluer si des expériences sont identiques, similaires (si l'une est une variante de l'autre), ou totalement dissemblables. Là, Joey sent une différence entre les barreaux, quoique minime : dans la distance, l'éclairage, l'angle de vision. Pour lui, ils sont en harmonie – en fait, ils forment un « duo », « étroit » en raison de la grande ressemblance des deux mélodies.

Les barreaux ne peuvent être en harmonie que si Joey les garde tous les deux présents dans son esprit. S'il n'en est pas capable, il « entendra » un solo puis, un moment plus tard lorsqu'il déplacera son regard, un second solo, similaire. Mais il n'y aura pas de véritable duo. Jusqu'à l'âge de trois ou quatre mois, les bébés semblent ne se concentrer que sur une seule chose à la fois. Et, dès qu'ils portent leur attention sur un second objet, ils paraissent oublier le premier. Celui-ci leur est suffisamment sorti de la tête pour qu'ils ne cherchent pas à établir de corrélation entre les deux. Donc, dans la plupart des cas, Joey ne devrait pas avoir la sensation d'un duo, du moins, pas encore. Toutefois, dans cette situation où son expérience se borne à recevoir des stimulations sensorielles, je soupçonne que chacune de ces impressions sensorielles laisse une brève trace dans la mémoire, si bien que, pendant quelques instants, la seconde baigne dans la première.

C'est pourquoi le duo se compose d'« une mélodie sonore, l'autre douce ». Joey voit les barreaux simultanément, même lorsqu'il se concentre sur un seul d'entre eux.

L'interaction entre les barreaux au premier plan et le mur, au fond, forme un second spectacle fascinant. Les enfants et les adultes voient les objets suivant une certaine périodicité dans l'espace. Par exemple, une barrière comporte un certain nombre d'unités (les piquets) pour chaque portion du *champ visuel* (le panorama). La densité des unités se rapporte à une *fréquence spatiale*. Un groupe de trois petits garçons, répartis irrégulièrement devant la barrière, aura une fréquence spatiale différente. L'image des garçons et de la barrière sera constituée de deux scènes superposées, de fréquence différente. L'adulte discrimine facilement les petits garçons des piquets de barrière, et les barreaux d'un lit de murs ou de portes. Joey aussi. Toutefois, il y parvient non en raison de leur nature différente, mais parce que la répartition spatiale des barreaux, régulière et plus dense, diffère de celle du mur et de la porte. Le fait que les barreaux sont au premier plan l'aide également.

C'est le double contraste entre les fréquences (courte et régulière / longue et irrégulière) et les qualités (droit, brillant et net / flou, diffus, doux et atténué) qui donne naissance aux deux chants, l'un clair et proche et l'autre lointain et plus lent, chacun se situant dans des plans différents de l'espace. La mise en relation des deux chants, des deux plans de l'espace, est au cœur du second spectacle. Tandis que l'attention de Joey va et vient entre le premier plan et l'arrière-plan, à l'harmonie simple, régulière et rapide des barreaux s'unit le rythme lent du mur et de la porte, plus éloignés. Un processus créateur doit s'accomplir pendant que Joey regarde alternativement dans les deux directions, apparemment sans motif. Le premier plan, plus rapide, peut mesurer de ses battements nets et réguliers le mouvement flou de l'arrière-plan. Ou l'arrière-plan, dont la cadence est plus ample, peut retenir et relier plusieurs éléments du premier plan. A chaque regard alternatif, le plan opposé devient plus vivant. Quand Joey se concentre sur l'un, il continue à entendre l'écho ou à voir l'image résiduelle de l'autre. Un monde proche et un monde lointain se rencontrent, et l'espace autour de lui acquiert lentement une unité dans son esprit.

« Puis, venue d'ailleurs, résonne une note différente. Une étoile filante passe, fulgurante, et vite disparaît. » A cet âge, Joey contrôle mal ses mouvements. Quand il observe quelque chose attentivement et qu'il est excité par ce qu'il voit, il lui arrive d'agiter et de lancer ses bras en l'air, involontairement. A ce moment précis, un de ses bras s'est projeté dans son champ de vision puis, rapidement, est retombé et a disparu. Tous les bébés sont extrêmement sensibles à ce qui bouge. En fait, c'est leur *vision périphérique* (ce qu'on voit sur le côté) qui est le plus sensible au mouvement. La *vision centrale* (ou fovéale) est plus adaptée pour discerner des formes. C'est logique car, l'homme étant aussi un animal sans cesse sur le qui-vive, sa sécurité et son bien-être dépendent de son aptitude à percevoir les mouvements qui sortent de son champ de vision direct. Quand on capte un mouvement à la périphérie, on peut tourner la tête dans cette direction précise pour voir ce qui a bougé, puis décider de fuir ou de donner la chasse.

La « note différente » est la propre main de Joey qui, passant fugitivement dans son champ de vision périphérique, a en partie détourné son attention des barreaux. Bien sûr, il ne sait pas qu'il s'agit de sa main. Il perçoit seulement un mouvement. Cette étoile filante venue d'ailleurs — c'est-à-dire de la périphérie — diffère par la vitesse et la durée de ce qu'il observait.

A partir de telles perceptions, le nourrisson construit un monde unifié, composé d'événements de types nombreux et divers. La « note différente » marque le tout début d'une autre intégration que Joey devra bientôt réaliser : savoir que la main dont il voit le mouvement est la même que celle qu'il sent bouger, et que celle qu'il veut bouger.

C'est ainsi qu'un bébé entreprend la tâche énorme de donner un sens à différentes parties du monde, presque en même temps.

3

Tempête
7 h 20

Quatre heures ont passé depuis la dernière tétée de Joey, et il a sans doute faim. Soudain, sa lèvre inférieure devient protubérante. Il commence à s'agiter. Bientôt cette agitation est remplacée par des pleurs, d'abord convulsifs puis ininterrompus.

🙵

Une tempête menace. La lumière se fait métallique. La marche des nuages à travers le ciel est rompue. Des lambeaux de ciel s'écartent dans différentes directions. Le vent gagne en force, dans le silence. Il y a des sons violents, mais rien ne bouge. Le vent et son mugissement se sont séparés. Chacun d'eux pourchasse son partenaire perdu, tour à tour. Le monde se désintègre. Quelque chose va se passer.

Le malaise grandit. Il se répand à partir du centre, se change en douleur.

C'est au centre que la tempête éclate. C'est au centre même qu'elle croît en force et se transforme en vagues rythmées. Ces vagues repoussent la douleur, puis la ramènent à nouveau.

Le vent, les sons et les lambeaux de ciel sont tous aspirés par le centre. Là ils se retrouvent et sont réunis — seulement pour être expulsés, projetés au loin, puis réaspirés pour former la vague suivante — plus sombre, plus forte.

Les vagues rythmées s'enflent pour dominer le paysage tout entier. Le monde hurle. Tout explose, éclate, puis s'affaisse et revient brusquement grossir un nœud de douleur qui ne peut durer, mais qui dure pourtant.

❧

La faim est une expérience forte, une motivation, une pulsion. Elle déferle tel un ouragan dans tout le système nerveux du nourrisson, disloquant ce qui s'y passait auparavant et désorganisant temporairement le comportement et l'expérience. Alors elle établit ses propres modes d'action et de sensation, ses propres rythmes.

La sensation de faim commence faiblement mais croît rapidement. Lorsqu'elle est encore légère, Joey la ressent probablement comme une irritabilité générale qui interrompt le fonctionnement harmonieux de son être entier. Tout est affecté : ses mouvements, sa respiration, son attention, ses sensations, son excitation, ses perceptions. Cette interférence « globale » doit ressembler pour lui à une soudaine discordance dans son univers, lui donner une impression de malaise. Tout le registre de sensation doit brusquement se modifier, comme lorsque « la lumière se fait métallique », avant un orage.

Pendant cette phase de désorganisation, à mesure que la faim grandit le monde doit paraître se disloquer, se fracturer. Son attention restant concentrée pendant de longs instants d'affilée sur ce qui se passe en lui-même, Joey ne peut avoir qu'une vision fragmentaire du monde qui l'entoure. L'événement unique dont, en temps normal, il suivrait la continuité, présente maintenant des points de rupture, telle une scène brusquement interrompue pour reprendre à un point différent de l'espace ou du temps. Ainsi, l'expérience de Joey est fracturée : il agite les bras et les jambes, ébranlant son climat-paysage. « La marche des nuages à travers le ciel est rompue. Des lambeaux de ciel s'écartent dans différentes directions. »

La plus grande source de désorganisation est le changement du rythme respiratoire. En grandissant, la faim qu'il éprouve commence à imposer son ordre propre. D'abord, elle sollicite la respiration. Le souffle de Joey s'accélère, devient plus fort, plus saccadé. Bien vite, sa voix – les vocalisations qui font résonner son cri – entre en jeu. Mais tant que la faim monte, son souffle (le « vent ») et son cri (le « mugissement ») ne sont pas encore intégrés. Tantôt il respire sans crier, tantôt de courts sanglots ponctuent la fin d'une expiration sans encore en recouvrir totalement la durée, tantôt ses longues expirations entrecoupées de pleurs le laissent hors d'haleine.

Cette incoordination entre la respiration et les pleurs donne l'impression à Joey que « le vent et le mugissement se sont séparés. Chacun d'eux pourchasse son partenaire perdu, tour à tour. » Ses sons inarticulés et ses gestes saccadés ajoutent aussi à cette phase d'incoordination, et à son désarroi. Ses mouvements ne sont pas davantage en synchronie les uns avec les autres qu'avec ses cris et sa respiration. Pour lui, « le monde se désintègre », reflète une profonde rupture d'avec le bien-être, sentiment diffus difficile à préciser.

Mais finalement, cette faim grandissante commence à se localiser en lui, en un point qu'il ressent comme « le centre ». (Joey ne sait pas encore qu'il s'agit de son centre à lui ; pour lui, c'est simplement le centre de son monde-paysage *.) Deux choses se passent. Premièrement, une nette sensation de faim se détache du contexte d'irritabilité. « C'est au centre que la tempête éclate. » Deuxièmement, la douleur causée par la faim pousse le système nerveux à passer à la vitesse supérieure : Joey trouve un certain apaisement dans le rythme puissant d'un cri lancé à pleine gorge. Voilà où interviennent les vagues rythmées. Ce genre de cri ne relève aucunement d'un état de désorganisation. C'est au contraire une organisation, séparée et distincte, opérée par le système nerveux central, un état qui coordonne à nouveau le comportement de Joey, selon ses propres modes.

Le nouvel ordre établi par ce cri à pleine gorge est fait d'inspirations rapides et profondes (entraînant l'air vers le centre) puis de longues expirations accompagnées jusqu'à leur terme d'un cri sonore (l'expulsion, le rejet au-dehors). Sa respiration et sa voix sont enfin à l'unisson, et son monde commence à se restructurer. « Le vent, les sons et les lambeaux de ciel sont tous aspirés par le centre. Là

---

* En anglais *worldscape*. Cf. note page 26.

ils se retrouvent et sont réunis – seulement pour être expulsés, projetés au loin. »

Ses cris, en devenant plus sonores, embrassent et coordonnent toutes ses activités et ses expériences. Les expirations vigoureuses qui les accompagnent lui procurent sans doute un soulagement temporaire – tout comme, lorsqu'on s'est cogné, le fait de hurler et de sautiller « soulage » l'orteil endolori. A présent, au lieu de subir passivement, il agit de manière organisée. De plus, ses efforts et ses appels sonores contribuent à détourner son attention de la douleur. Chaque fois qu'il crie, il a l'impression de l'expulser. Puis, entre deux respirations, la souffrance s'intensifie de nouveau en lui. « Les vagues rythmées s'enflent pour dominer le paysage tout entier. Le monde hurle. Tout explose, éclate, puis s'affaisse et revient brusquement grossir un nœud de douleur. »

Les cris organisés de Joey abordent de deux façons le problème de la faim. C'est un signal extraordinairement bien conçu (que les sirènes de police et d'ambulances imitent d'ailleurs avec profit) pour avertir ses parents de son angoisse et exiger d'eux une réponse. En même temps, ils l'aident peut-être à moduler l'intensité de sa douleur. Ainsi, la faim incite à la fois Joey à atteindre le monde extérieur et à affronter son monde intérieur.

4

La tempête s'apaise
7 h 25

La mère de Joey, entendant ses cris, entre dans la pièce. Elle lui parle d'une voix douce et apaisante. Elle le soulève et, de la main gauche, le tient contre sa poitrine, tandis que de la droite elle déboutonne son chemisier, tout cela sans cesser de parler. Elle place alors l'enfant contre son sein. Il trouve le mamelon et tète avidement. Au bout d'un moment, il boit plus paisiblement et regarde le visage de sa mère.

❧

Aussitôt le monde est enveloppé. Il devient plus petit, plus lent et plus doux. L'enveloppe repousse les vastes espaces vides. Tout bascule. Une timide promesse jaillit. Les pulsations d'explosion et d'écroulement sont apprivoisées. Mais elles sont toujours là, toujours sauvages, toujours prêtes à surgir.

Quelque part, reliant la frontière au centre même de la tempête, il y a une attraction, un mouvement de rencontre. Deux aimants s'approchent l'un de l'autre en vacillant, puis se touchent et s'unissent étroitement.

Au point de contact commence un rythme nouveau, rapide. Il court au-dessus de la lente pulsation des vagues de la tempête. Ce nouveau rythme est bref, avide. Tout se tend pour le renforcer. A chaque battement, un courant coule vers le centre. Le courant réchauffe le froid. Il calme l'incendie. Il défait le nœud au centre et sape l'impétuosité des pulsations jusqu'à ce qu'elles disparaissent une fois pour toutes.

Le nouveau rythme passe à une allure égale et paisible. Le reste du monde se détend et avance dans son sillage.

Tout est recréé. Un monde changé s'éveille. La tempête est passée. Les vents se sont tus. Le ciel s'est adouci. Des lignes mouvantes et des volumes fluides apparaissent. Ils tracent une harmonie et, comme la lumière changeante, donnent vie à toute chose.

꧁

Le signal que constituent les cris de Joey fonctionne, attirant sa mère. Avant même d'avoir déboutonné son chemisier et mis Joey au sein, elle a introduit quatre éléments nouveaux dans son univers : le son, le contact, le mouvement et une position différente. Ces quatre éléments qui se recouvrent, en partie, forment l'« enveloppe » qui repousse « les vastes espaces vides ». Voici comment ils interviennent.

D'abord, la mère de Joey entre dans la pièce en prononçant son nom. Comme beaucoup de mères confrontées à un bébé qui pleure de faim, elle ne cesse de lui parler jusqu'à ce que son mamelon soit bien en place dans la bouche de l'enfant. Ce qu'elle dit exactement est de peu d'importance. « Tout va bien, Joey, tout va bien. Maman fait aussi vite qu'elle le peut. Plus qu'une toute petite minute. Tout va bien, mon trésor. » Elle parle constamment pour rassurer Joey (et se rassurer elle-même). Ce sont la musique et les sons qui comptent, non les paroles. Elle se sert de la musique de sa voix comme d'une couverture pour envelopper Joey, l'apaiser ou, du moins, pour qu'il tienne bon jusqu'au moment où il pourra téter. Sa voix agit un peu à la manière d'un stimulateur cardiaque, commençant par prendre un rythme plus rapide que les pleurs, afin de les dominer, puis ralentissant pour calmer l'agitation du bébé. C'est pourquoi il semble à Joey que le monde ralentit. Les paroles de sa mère sont donc le premier élément qui l'enveloppe de douceur. En fait, si Joey s'agite, il sera trop énervé pour prendre le sein. La mère suit son « instinct » et le prépare à la tétée, opérant une subtile régulation que la plupart des femmes accomplissent sans y penser.

A présent, elle le soulève. Elle le tient d'abord en position verticale, le temps de s'installer, puis horizontalement pour le nourrir, sans cesser de le cajoler et de le caresser. Ce simple geste bouleverse l'univers de Joey. Pour le soulever, le tenir, sa mère doit le toucher. Le contact est le deuxième élément de l'« enveloppe ». Par rapport à sa sensation d'explosion et d'expansion, cela doit ressembler à un soudain endiguement, une limite contre laquelle son monde vient buter — mais une limite qui s'accompagne d'un soulagement.

Le changement de position est le troisième élément

nouveau qui modifie son univers. Le premier mouvement d'une mère, dans cette situation, est de prendre son bébé dans ses bras et de le tenir droit, blotti contre son cœur, la tête nichée sur son épaule, pendant qu'elle prépare son sein ou le biberon. La mère de Joey ne sait pas (sinon de façon « intuitive ») que son geste a un double effet. D'abord, il établit un contact ventre à ventre (poitrine contre poitrine), qui paraît être le type de contact humain le plus fort, le plus apaisant pour quelqu'un qui a de la peine. Joey éprouvera le besoin ou le désir de cette étreinte réconfortante toute sa vie, quel que soit son âge, lorsqu'il se sentira seul, blessé, inquiet ou triste. Nous noterons de nouveau la puissance de cette étreinte quand il aura quatre mois et demi (voir au chapitre 2 de la deuxième partie). Le second effet de ce geste maternel est de placer Joey en position debout. Or, la position verticale est très spéciale pour les tout jeunes enfants. La réponse musculaire de Joey lui donne des informations sur sa position dans l'espace et exerce une forte influence sur l'état de son système nerveux. Pour le système nerveux du bébé, le passage à la position verticale est comparable au changement de vitesse d'une automobile. L'enfant est tranquillisé du point de vue physique, mais, du point de vue mental, il est plus éveillé, plus ouvert au spectacle et aux sons qui l'entourent. Par exemple, pour peu qu'il ne souffre pas mais soit seulement agité, le simple fait de le mettre à la verticale en l'étreignant le calmera. Il ouvrira grands les yeux et regardera par-dessus l'épaule de sa mère. La combinaison du contact physique et de la position verticale donne à Joey l'impression que « tout bascule » – se réoriente ou retourne à la normale. Son monde est « plus doux ».

Le mouvement est le quatrième élément de l'enveloppe qui ceint à présent le monde de Joey. Pour changer l'enfant de position, sa mère doit le déplacer dans l'espace. Elle le berce, tout en le caressant. Avant qu'elle n'arrive dans la chambre, Joey avait du mouvement un sens subjectif qui se réduisait principalement à des vagues, s'enflant, explosant puis retombant sur elles-mêmes. En le faisant évoluer dans l'espace, sa mère provoque des mouvements antagonistes, qui affaiblissent les « mouvements » des pleurs.

Joey apprend peu à peu que, lorsqu'il est en détresse, ces changements suscités par l'intervention de sa mère annoncent un soulagement. En lui se forme lentement l'attente de choses à venir. Après tout, il a eu maintes occasions de s'apercevoir que, lorsqu'il a faim, l'apparition de sa mère et ses gestes envers lui aboutissent à une tétée. Si l'on suppose qu'il tète en moyenne cinq fois par jour, il a déjà eu, à six semaines, deux cent dix chances de faire cette association. C'est un petit bébé intelligent. Il commence à bien connaître ce sentiment grandissant d'expectative, cette « timide promesse » qui « jaillit ». On a observé que les nourrissons de six semaines se calment, malgré leur faim, dès l'arrivée de leurs mères. Je soupçonne cet effet d'être dû en partie à la naissance du sentiment d'expectative, qui deviendra plus manifeste vers trois mois.

En dépit de tous ces changements dans le monde de Joey, la faim demeure. Les paroles, l'étreinte et l'expectative ne servent qu'à gagner du temps. Joey perçoit cette instabilité : « Les pulsations d'explosion et d'écroulement sont apprivoisées. Mais elles sont toujours là, toujours sauvages, toujours prêtes à percer. »

Avant le commencement de la tétée, Joey doit trouver le mamelon et le prendre dans sa bouche. Cela donne lieu à une sorte de pas de deux, relevant d'une parfaite chorégraphie. De son côté, la mère soutient la tête de Joey et la guide en direction du sein, vers un point relativement peu précis. Joey, lui, affine le mouvement. Telle l'aiguille d'une boussole dans un champ magnétique, sa tête adopte de courts mouvements de balancier, de droite à gauche, guidée par le toucher, jusqu'à ce que ses lèvres se referment sur le mamelon. Ces mouvements de réglage sont inclus dans les réflexes de Joey ; ils font partie de son héritage génétique.

La faim l'aiguillonne dans sa recherche. Il la ressent intérieurement, « au centre même de la tempête ». Le mamelon qu'il cherche (assurément sans le savoir) se trouve quelque part, dans cette enveloppe qui enclôt à présent son univers. Il ressent d'abord ce processus comme « l'attraction » de deux aimants. Lorsque ceux-ci entrent en contact et adhèrent, il tient fermement le mamelon dans sa bouche.

A ce moment, cette « rencontre » de sa bouche et de sa sensation physique de faim, Joey se met à téter. C'est un mode d'action inscrit en lui génétiquement. Tous les nourrissons le font suivant un modèle approximativement similaire : plusieurs gorgées à intervalles brefs et réguliers, puis une pause, nouvelle série de gorgées espacées régulièrement, nouvelle pause, et ainsi de suite. (Le rythme exact de chaque enfant est unique, de même que ses empreintes digitales.) C'est cette tétée qui constitue pour Joey le « rythme nouveau, rapide ».

Deux phénomènes se produisent alors. D'abord, l'acte de téter lui-même, indépendamment du lait absorbé, déclenche un nouveau rythme dans le corps de Joey. En fait, presque tous ses muscles se recoordonnent afin de faciliter et de soutenir le plus efficacement possible son activité. Tout en lui se tend pour renforcer ce nouveau rythme, qui rivalise avec la « lente pulsation des vagues » de la douleur et finalement la domine. Le second phénomène est que Joey avale. Le liquide tiède qui coule dans sa gorge doit lui faire l'effet d'un courant, descendant vers le centre de chacune des vagues. Ce courant réchauffe le vide froid, éteint le désir brûlant, défait le nœud au centre de sa faim.

Quand un bébé de cet âge boit, l'assouvissement de son appétit semble s'opérer en deux phases. Durant la première, vive et pressante, il boit dans une concentration totale. Une quantité relativement faible de lait étanche ce besoin, et la phase aiguë prend fin. (Le lait libère dans l'estomac des signaux biochimiques qui transmettent l'information vers le cerveau, par le biais du sang, et réduisent l'activité indiquant la faim dans le centre nerveux.) Lors de la phase suivante, plus longue, où la faim est moins impérieuse, le bébé suit « une allure égale et paisible » : il continue à boire, mais il est moins avide, moins absorbé. A mesure qu'il sent le reste du monde se détendre, sa propre crispation s'estompe. Physiologiquement, c'est le volume de lait dans l'estomac, agissant également comme un signal au cerveau, qui contribue à déclencher ce processus.

En entrant dans cette seconde phase, Joey redevient réceptif au monde qui l'entoure. La phase aiguë étant passée, il peut regarder et écouter tout en buvant, alors qu'auparavant son attention se portait entièrement sur la tétée. Les parents le comprennent intuitivement. Pendant la première phase, ils savent que la seule chose à ne pas faire est d'interrompre le contact avec le sein ou le biberon. Durant la seconde phase, leur attitude varie selon qu'ils désirent ou non une tétée rapide. Si c'est ce qu'ils désirent, ils évitent de parler, de faire des mimiques amusantes ou d'inviter en quelque façon leur bébé à réagir. L'idée est de ne pas distraire et retenir son attention. Les parents qui veulent, au contraire, que l'enfant s'alimente sans se presser font alterner le jeu et l'allaitement. Pendant cette phase, le bébé invité à un échange aime mieux jouer que se nourrir. Aussi faut-il mesurer les moments de jeu pour que l'enfant termine son repas.

Après la première phase de faim, non seulement Joey s'ouvre à nouveau au monde mais, à nouveau, il entre dans le monde. Les bébés de cet âge connaissent différents états de conscience : le sommeil, la somnolence, l'éveil calme, l'activité d'éveil, les pleurs et la faim impérative.

Ces états sont assez distincts. Le bébé passe de l'un à l'autre par bonds, et non graduellement. Chaque état est plus comparable à une marche, dans un escalier, qu'à un point sur une pente. Pour cette raison, le changement d'un état à l'autre comporte une certaine soudaineté, plus marquée que chez l'adulte. En assouvissant sa faim, Joey ressent le changement d'état comme un voyage touchant son terme. « Tout est recréé. Un monde changé s'éveille. La tempête est passée. Les vents se sont tus. Le ciel s'est adouci. »

Il est très probable qu'en revenant à ce « monde changé » il regarde le visage de sa mère, là, dans son champ de vision, exactement à la bonne distance. Cette distance d'une trentaine de centimètres qui sépare les yeux d'un bébé au sein et ceux de sa mère est celle où un nourrisson a la vision la plus claire, la plus nette. En outre, les traits du visage correspondent de façon idéale avec ce que, de naissance, un petit enfant préfère regarder (je reviendrai plus en détail sur ce point au prochain chapitre).

Ainsi Joey, tout en satisfaisant son appétit, contemple les « lignes mouvantes et les volumes fluides » du visage de sa mère. Ces formes lui plaisent. Une correspondance (une « harmonie ») existe à présent entre l'aspect de sa mère et son état interne de satisfaction-plaisir – sensation qui en fait teinte sa perception. Il est maintenant prêt à remarquer les légers mouvements du visage maternel, l'encouragement des yeux. Et l'animation nouvelle qu'il manifeste en réponse accentue la vivacité du visage de sa mère. Ce regain d'animation se combine à son récent état de réceptivité, et agit comme « une lumière changeante », donnant vie à toute chose. (Bien entendu, lors d'une prochaine tétée ou un autre jour, Joey passera directement au sommeil, au lieu d'entrer dans cet état d'éveil calme.)

Une association vitale entre, d'une part, le cycle satisfaction-plaisir-retour à l'animation et, d'autre part, la présence, le visage et les gestes de sa mère est en train de s'établir durablement. On suppose que le bébé commence alors à former un modèle mental, une représentation de sa mère. Une fois achevé, ce modèle sera fondamentalement constitué des éléments nombreux et divers de leur interaction, dont fait partie la séquence de la tétée. D'autres éléments seront les gestes d'apaisement lorsqu'il éprouve une gêne, de stimulation pour le faire sourire, etc. On suppose aussi que le modèle mental de la mère, ainsi construit, servira de prototype à l'attitude qu'il attendra de tous ceux qu'il aimera par la suite.

II

LE MONDE SOCIAL IMMÉDIAT. JOEY À QUATRE MOIS ET DEMI

Joey vient d'entrer dans une période brève, mais extraordinaire, de sa vie. Entre sa huitième et sa douzième semaine, il accomplit un bond spectaculaire dans son développement. Ses facultés d'interaction humaine s'épanouissent : le sourire de la sociabilité apparaît, les vocalises commencent, le contact visuel avec les autres se prolonge. Presque du jour au lendemain, il est devenu un être véritablement social. Néanmoins, ses interactions les plus intenses sont immédiates, en ce qu'elles se limitent au face-à-face, au « ici et maintenant, entre nous ». Sous sa forme non étendue, ce monde relationnel, intense, durera environ jusqu'à l'âge de six mois. En tant que mode de relation avec les autres, lecture de leur comportement, il durera toute la vie.

C'est un monde social particulier, pour maintes raisons. D'abord vient le visage lui-même. Aux yeux de Joey, c'est à présent l'objet le plus attirant, le plus fascinant qui soit. Il obéit à ses propres règles et possède des pouvoirs de suggestion. C'est également vrai pour l'adulte, bien que celui-ci se concentre avec moins d'intensité sur cet aspect de la personne. La vie durant, on passe probablement plus de temps à regarder des visages que toute autre catégorie d'objets. On en observe depuis la naissance. On sait ce qu'ils sont censés faire, ne pas faire, et à quel moment. Nous sommes presque tous des experts innés en matière de physionomies dans ce qu'elles ont de plus subtil. Finalement, c'est surtout sur le visage de l'autre que l'on croit pouvoir lire ses sentiments et ses intentions. Et cet apprentissage commence dès le tout début de l'existence.

Le visage constitue un monde unique pour Joey. D'abord, son système visuel l'incite à le considérer avec plus de plaisir que toute autre chose. Le long processus d'évolution a doté sa vue de certaines préférences. Par exemple, il préfère les courbes (comme celles des joues et des sourcils) aux lignes droites. Il préfère les forts contrastes de couleurs (comme le blanc des yeux contre l'iris). Il préfère les angles aigus (comme le coin des yeux) aux angles obtus. Il est fasciné par la symétrie dans le plan vertical (comme les images-miroir des côtés droit et gauche du visage). Pour prendre un point de comparaison avec ce qu'il éprouvait à six semaines, c'est maintenant le mouvement à l'intérieur d'un cadre (comme des lèvres qui remuent, en parlant, dans un visage) qui le fascine.

Si l'on additionne toutes ces préférences foncières, on obtient quasiment le mot « visage ». Non que Joey ait réellement une prédilection innée pour le visage lui-même, mais il en éprouve pour tant de ses caractéristiques essentielles que cela revient au même. Pour parachever la consolidation des liens humains entre un bébé et sa mère, l'évolution des préférences visuelles de l'enfant s'est vraisemblablement opérée simultanément avec celle du visage féminin.

Le visage joue un rôle particulier pour deux raisons supplémentaires. La première est que, non content d'être animé, il réagit merveilleusement à tout ce que fait Joey, si bien que le bébé sent la présence d'un lien spécial entre lui et l'autre. La seconde est qu'il a le pouvoir de déclencher chez un nourrisson d'environ deux ou trois mois des sourires et des vocalises. Depuis sa septième ou sa huitième semaine d'existence, de grands sourires s'épanouissent sur la figure de Joey, en réponse aux gestes de ses parents. Il commence aussi à babiller en retour.

L'autre événement majeur qui survient dans ce nouveau monde relationnel est que Joey contrôle désormais son regard : il sait en déterminer la direction, l'objet et la durée. A trois mois et demi, il le maîtrise presque aussi bien que l'adulte. Cette nouvelle faculté s'étant mise en place, il peut commencer ou mettre fin à un face-à-face, parce que cette interaction repose sur un regard mutuel. Il lui suffit de contempler sa mère pour prendre l'initiative d'une rencontre, car elle lui rendra presque toujours son regard. Il peut alors prolonger la rencontre par un sourire éclatant, ou la conclure en détachant son regard. Il peut repousser une invite en refusant de regarder, ou mettre un terme à une interaction en tournant définitivement la tête. Il est passé maître dans l'art de gérer ce genre de relation sociale.

Le regard mutuel forme la structure de cette relation. L'action consiste à lancer et à retourner des regards, plutôt que des mots. Au cours de cette période, c'est l'événement central sur lequel tout le reste, comme l'expression de la joie, se fonde et s'articule. Et ce regard est une expérience intense.

Le bébé se comporte comme si les yeux étaient véritablement les fenêtres de l'âme. A sept semaines d'existence, il traite les yeux comme le centre géographique du visage et le centre psychologique de la personne. Quand on joue à « faire coucou » à un bébé, il montre un plaisir anticipé dès que la couverture descend, lui révélant les cheveux et le front de son compagnon. Mais c'est seulement en voyant les yeux de l'autre qu'il laisse éclater sa joie. L'enfant de six ans illustre différemment cette centralité psychologique. Lorsqu'il pose les mains sur ses yeux et qu'on lui demande : « Est-ce que je te vois ? » il répond : « Non ! » On avait coutume de penser que l'enfant ne pouvait imaginer qu'on le voie si lui ne voyait rien, mais le fond du problème n'est pas là. Il sait pertinemment qu'on le voit, qu'on voit ses mains sur ses yeux. Ce qu'il veut dire, en réalité, c'est : « Puisque tu ne vois pas mes yeux, tu ne me vois pas, moi ! » Le voir, c'est le regarder dans les yeux.

Les yeux ont un rôle central pour Joey, comme pour nous tous. Regarder des yeux qui vous regardent en retour est encore une affaire différente. D'abord, on « sent » la vie mentale de l'autre. Ensuite, un regard mutuel ouvre sur tous les possibles. Les adultes n'échangent jamais de regard silencieux – sans mot dire – plus de quelques secondes, à moins de tomber amoureux, d'être sur le point de faire l'amour ou de se battre. Un long regard mutuel peut être presque intolérable. Chez certains animaux comme les chiens, les loups et les grands singes, il provoque l'agression. L'animal qui se soumet détourne toujours les yeux le premier, mettant ainsi fin à l'approche hostile de l'autre. Sachant cela, les dompteurs de cirque s'en servent pour inciter un fauve à avancer (en le défiant du regard) ou à s'arrêter (en détournant les yeux). En alternant les deux attitudes à bon escient, le dompteur incite l'animal à entrer et à s'immobiliser au centre d'une série d'anneaux.

Chez les humains, le regard mutuel semble provoquer des sentiments tantôt positifs, tantôt négatifs, suivant le contexte. Lorsque deux enfants jouent à se fixer dans le blanc des yeux sans ciller, leur jeu, comme chez les adultes, se fonde sur cette tendance. Qui le premier détournera les yeux ? Et, ce faisant, qu'aura-t-il gagné ou perdu ?

A cet âge, les interactions sociales entre Joey et ses parents n'ont trait à rien de précis. Entre lui et la personne qui s'en occupe, il n'existe aucun sujet de discussion particulier, pas de justification à donner, pas de passé à expliquer, pas de projets futurs à préparer. L'unique « sujet » est l'instant singulier qui s'écoule maintenant, où deux êtres humains s'accordent une attention mutuelle. Ces interactions ont pour seul but d'alimenter l'expérience. Ce ne sont pas des préliminaires : elles recèlent une valeur intrinsèque. Aussi, à l'exception de certains jeux tels que « faire coucou », elles sont largement spontanées, Joey et sa mère ne sachant ni l'un ni l'autre ce que sera exactement l'étape suivante. Ils inventent au fur et à mesure.

La possibilité d'échanges aussi intenses ne se borne pas à cet âge. Elles se poursuivront toute la vie, en grande partie à l'arrière-plan. Mais, à certains moments, elles reviendront, subjugantes, au-devant de la scène : un jour, à l'adolescence, Joey regardera une fille de son âge dans les yeux, interminablement, sans rien dire, toute leur communication se réduisant au jeu de leurs expressions et à leur souffle entrecoupé. Ou alors, il les retrouvera fugitivement, en partageant brièvement une expérience avec une personne ou une autre.

Plusieurs raisons expliquent que Joey soit plongé – même captivé – dans les interactions propres à cette période. Le temps l'a doté de comportements et d'impulsions qui l'incitent à poursuivre ces rencontres. De plus, sa préférence innée pour le visage, la voix et les mouvements humains fait naturellement de ses parents l'élément déclenchant de son comportement social, et la cible vers laquelle tend ce comportement. Finalement, que peut-il faire d'autre à cet âge ? Ce n'est pas seulement que les événements humains du monde « ici et maintenant, entre nous » l'intéressent exclusivement : il est bien forcé de s'y limiter. Même s'il s'intéressait aux phénomènes extérieurs à cette relation interpersonnelle, il ne pourrait avoir sur eux aucune influence. Il ne peut pas encore dépasser certaines limites. Il ne sait pas attraper, donner, prendre, montrer du doigt, demander, ni commenter. Il est prisonnier du monde riche et intense du non-verbal, de l'interpersonnel, de l'immédiat. Il en est captif tant par dessein que par défaut, au moins jusqu'à ce qu'il atteigne l'âge de cinq à six mois.

Cet ordre particulier d'acquisition des facultés au cours du développement a peut-être pour objet de permettre au bébé d'apprendre cette leçon cruciale qu'est l'interaction sociale pure, sans les complications et les diversions créées par un quelconque objet. C'est seulement une fois que l'aspect purement social est établi qu'un objet peut venir s'ajouter. Dans le même ordre d'idée, pourquoi la nature a-t-elle voulu qu'un enfant n'acquière le langage que vers deux ans ? Là encore, je dirais que le bébé a pour tâche prépondérante d'apprendre la base non verbale de toute relation humaine, sur laquelle le langage sera plus tard édifié. Et cette tâche prépondérante prend plusieurs années.

A ce stade, Joey s'intéressera au monde des objets et sera capable d'intervenir sur ce monde. La coordination main-œil et main à l'autre main se développera rapidement et lui permettra d'attraper, d'agripper et de manipuler les objets inanimés. Alors il sera capable de se tourner vers eux, d'en faire un centre d'intérêt commun avec ses parents. Mais jamais totalement. Car le monde du « ici et maintenant, entre nous » ne sera jamais perdu. Simplement, un autre monde s'y sera ajouté. Toutefois, avant que cela ne se produise, dans la brève période comprise entre le deuxième et le sixième mois, Joey vit dans ce monde social, unique par son intensité et son immédiateté.

Il commence également à percevoir qu'il est capable de provoquer des événements, qu'il est un agent. Lorsqu'il ferme les yeux, le monde s'obscurcit. Lorsqu'il bouge le bras, il sent la réponse en retour de ses muscles (la sensation de leurs mouvements) et leur nouvelle position dans l'espace (les nouvelles tensions musculaires dues à la gravité). Ainsi, il devient sensible au fait qu'il est un acteur, un agent, dans le cours des événements.

Il prend également conscience qu'il est, physiquement, un être distinct de sa mère, qu'elle et lui ont des frontières autres, qu'ils sont telles des unités séparées agissant et sentant différemment. Quand elle bouge, il ne sent aucune réponse de ses muscles ; quand elle parle, il n'est pas l'auteur de son rythme. Quand elle le touche, il sent simplement qu'on le touche. Tandis que, lorsqu'il touche son propre corps, il sent qu'il est à la fois celui qui touche et qui est touché.

Et il distingue peu à peu des états de sensation, comme le bonheur ou la faim, qui n'appartiennent qu'à lui. Quand il est joyeux, il éprouve une animation, une stimulation croissantes : il sent les muscles de sa figure et de son corps s'élonger, prendre des configurations familières de tension ou de relâchement. Il éprouve intérieurement une impulsion d'agir qui va de pair avec ce genre d'animation et ces contractions du visage. Cette constellation familière de sensations ne se produit pas quand sa mère sourit, mais seulement quand lui le fait.

LE MONDE SOCIAL IMMÉDIAT

Joey construit progressivement dans son esprit le monde des gens, où lui-même a sa place. Il procède en reconnaissant d'abord les événements toujours identiques : chaque fois qu'il bouge volontairement son bras, par exemple, il sent la réponse en retour de ses muscles. Les choses qui vont toujours ensemble et ne changent pas sont dites *invariantes*. Joey est en train d'identifier les invariants qui définissent le soi et ceux qui définissent autrui.

Le moment où un jeune enfant est capable de se différencier de sa mère et le mode de ce processus font depuis longtemps l'objet de chaudes discussions parmi la plupart des psychologues. L'idée qu'un nourrisson cherche et identifie les éléments invariants de l'expérience contribue à apporter une réponse. Imaginons trois éléments invariants d'un mouvement du bras. D'abord, la volonté de déplacer ce bras ; c'est l'intention (habituellement inconsciente) qui précède le mouvement et, pour ainsi dire, le conçoit d'avance. Ensuite, le *feedback*, la réponse musculaire accompagnant et suivant l'exécution du mouvement prévu. Enfin, pour l'enfant, la vision d'un bras qui se déplace.

Si Joey bouge son bras de son propre fait, même en présence de sa mère il ressent une volonté, un *feedback*, et il a la vision d'un mouvement. Cette constellation d'invariants commence à définir un événement qui lui appartient en propre. Si la mère de Joey bouge son bras devant lui, il voit bien le mouvement d'un bras mais n'éprouve ni volonté ni réponse musculaire. Ainsi, la constellation d'invariants commence à définir *ce qui appar-*

tient à autrui, par opposition à *ce qui appartient en propre à soi*. Enfin, si la mère déplace le bras de Joey (comme lorsqu'elle lui apprend à taper des mains), il sent la réponse musculaire au mouvement de ses propres bras, il les voit bouger mais il n'éprouve pas la volonté qui d'habitude déclenche ces mouvements. Cela définit encore un troisième type d'événement, le *soi-avec-autrui*.

C'est ainsi que le nourrisson se différencie progressivement de sa mère. On pensait autrefois que ce processus s'opérait très lentement, que le bébé restait longtemps dans un état de fusion indifférenciée avec elle – environ jusqu'au septième ou au neuvième mois ; et que dans cet état de fusion, il ne savait pas quels sentiments, quels comportements lui appartenaient. On est récemment parvenu à reconnaître chez le nourrisson la faculté précoce d'identifier les invariants de son expérience ; ainsi, on pense désormais que la découverte de la distinction entre soi et autrui devrait être bien avancée au troisième ou au quatrième mois de la vie.

Trois types majeurs d'événements humains sont en train de se former : les événements issus de soi, les événements issus d'autrui, et les événements issus de soi-avec-autrui. C'est pour cette raison que je puis à présent utiliser les pronoms « je », « nous », « elle », quand j'exprime le discours de Joey.

En somme, notre petit héros commence à structurer son monde social. Des êtres distincts y évoluent, à présent : au moins lui, sa mère et son père, et toutes les personnes familières de son entourage quotidien. Chacun d'eux a un visage, des yeux, des mimiques, une voix et des gestes qui lui sont propres. Et tous peuvent être des agents en s'influençant les uns les autres. Ils peuvent aussi utiliser leurs sentiments, et les comportements sociaux qui révèlent ces sentiments, afin de changer les sentiments des autres. Ces notions une fois bien assimilées, Joey est capable de face-à-face supposant une interaction complexe.

Chacune de ces nouvelles facultés, qui rendent possibles les relations sociales extrêmement compliquées d'un enfant de quatre mois et demi, est en elle-même une étape majeure du développement. L'intégration d'un comportement social coordonné marque encore une étape supérieure. Si la moindre de ces facultés est retardée au cours du développement, c'est toute l'interaction sociale qui risque d'être plus lente à apparaître. Pour peu qu'une capacité majeure soit totalement absente, l'interaction sociale en souffrira proportionnellement. Les enfants autistes, par exemple, refusent d'établir et de maintenir tout contact visuel. Ils semblent en ressentir du dégoût. Même si rien d'autre ne fait problème, cela seul impose d'énormes limites à l'expérience sociale de l'enfant et à celle de ses parents. Si la personne qui élève l'enfant est irresponsable, déprimée ou trop préoccupée, cela limitera aussi le champ de l'expérience sociale.

Toutefois, en ce qui concerne Joey à cet âge, les capacités de développement sont présentes et bien intégrées. Et, la plupart du temps, ses parents réagissent de façon normale. Mais, quelque disponibles et réceptifs qu'ils soient, ils passeront inévitablement par des échecs périodiques et commettront des erreurs. Ces échecs, s'ils ne sont pas trop fréquents, se révéleront aussi importants pour le bien-être ultime de l'enfant que leurs réussites. Dans les deux chapitres qui suivent, nous allons découvrir les joies et les aléas du nouveau monde relationnel de Joey. Au chapitre 1, sa mère et lui sont confrontés au risque de perdre le contrôle d'une interaction, tandis qu'au chapitre 2, Joey est aidé par son père à affronter la stimulation diffuse du monde extérieur à la famille.

1

Duo en face à face
9 h 30

Joey est assis sur les genoux de sa mère, face à elle. Elle le regarde fixement, mais son visage est dénué d'expression comme si elle était préoccupée, absorbée dans ses pensées. Elle semble être ailleurs. D'abord, l'enfant parcourt des yeux les différentes parties de son visage puis, enfin, plonge son regard dans celui de sa mère.

Tous deux restent longuement engagés dans ce regard mutuel et silencieux. Elle le rompt enfin en se laissant aller à un léger sourire. Aussitôt, Joey se penche en avant et lui rend son sourire. Ils sourient ensemble ; ou plutôt, ils font échange de sourires, à plusieurs reprises.

Puis sa mère fait une série de gestes qui invitent au jeu. Elle « ouvre » son visage en une expression de surprise exagérée, se penche en avant et pose son nez contre celui de Joey, tout en souriant et en babillant. Joey explose de joie, mais ferme les yeux lorsque leurs nez se touchent. Alors elle recule, marque une pause afin d'accroître le suspense, et fond de nouveau sur l'enfant pour lui toucher le nez. Sa voix et son visage, pleins d'amusement, feignent la menace. Cette fois, Joey est en même temps plus tendu et plus excité. Son sourire se fige. Son expression balance entre le plaisir et la peur.

Sa mère ne semble pas avoir remarqué ce changement. Après une autre pause pleine de suspense, elle fait une troisième approche, hilare, en laissant échapper une exclamation qui monte crescendo. Joey se crispe. Il ferme les yeux et tourne la tête. Sa mère s'aperçoit qu'elle est allée trop loin et met elle aussi fin à l'interaction. Pendant au moins plusieurs secondes, elle ne bouge pas. Puis elle lui parle tout bas et lui sourit affectueusement. Il s'engage de nouveau dans la relation.

❧

J'entre dans le monde de son visage. Son visage et ses traits sont le ciel, les nuages et l'eau. Sa vitalité et son entrain sont l'air et la lumière. D'habitude, la lumière et l'air se déchaînent en un jeu turbulent. Mais cette fois-ci lorsque j'entre, le monde est immobile et morne. Ni les lignes courbes de son visage ni ses volumes arrondis ne bougent. Où est-elle ? Où est-elle partie ? J'ai peur. Je sens cette morosité s'insinuer en moi. Je cherche alentour un point de vie où me réfugier.

Je le trouve. Toute sa vie est concentrée dans le lieu le plus doux et le plus dur du monde : ses yeux.

Ils m'attirent, toujours plus profondément. Ils m'attirent dans un monde lointain. Egaré dans ce monde, j'oscille au gré des pensées fugitives qui font ondoyer la surface de ses yeux. Je m'abîme dans leurs profondeurs. Et là je sens couler, forts et invisibles, les courants de son animation : ils montent, bouillonnants, de ces profondeurs et me taquinent. Je les appelle. Je veux revoir son visage, vivant.

Peu à peu la vie afflue de nouveau vers son visage. La mer et le ciel sont transformés. Maintenant, la surface scintille sous la lumière. De nouveaux espaces s'ouvrent. Des arcs s'élèvent et flottent. Les volumes et les plans reprennent leur danse lente. Son visage devient une brise légère qui se porte vers moi pour me toucher. Elle me caresse. Je m'anime. Mes voiles s'enflent sous elle. Ma danse est libérée en moi.

A présent nous jouons à nous attraper. Elle souffle sur le plan d'eau qui m'entoure. Il danse sous sa brise. Je glisse à sa surface et prends de la vitesse, émoustillé. Sortant de la portée de son souffle, j'accoste seul en eaux dormantes. Me déplaçant encore sans sa brise, mais, de plus en plus lentement, je l'appelle. Elle répond et me suit. Elle provoque une nouvelle brise juste devant moi. Sous son vent, je prends de la vitesse. Je lui crie de me suivre encore et de m'entraîner plus loin. Nous nous emmenons l'un l'autre, par bonds. Nous jouons à saute-mouton. La danse est entre nous.

Soudain le vent tourne. Le monde de son visage bascule, de nouveaux espaces s'ouvrent et elle s'approche de moi, dans une brise nouvelle et forte. Elle vole vers moi sur son propre chant qui s'élève et m'enveloppe. Ainsi embrassé, je glisse en avant, rapide, dans un ravissement sans effort. Elle recule et le vent tombe un moment — seulement le temps de reprendre de la force. La rafale déferle de nouveau vers moi. J'attends son approche, l'excitation montant en moi. Le vent me frappe. Je penche violemment sur le flanc, mais en même temps je bondis en avant, majestueusement emporté sur une crête de joie. Cette deuxième rafale passée, le vent tombe à nouveau momentanément. Je vais toujours à une vitesse palpitante, perdant un peu l'équilibre. Pendant cette accalmie j'essaie de me redresser. Mais la rafale suivante se précipite vers moi, fouettant l'espace et le son. Elle est sur moi. Elle frappe. Je tente d'aller à sa rencontre, de rejoindre sa force, mais elle m'ébranle, me perce de part en part. Je tremble. Mon corps s'embourbe. J'hésite. Puis je vire et je m'éloigne. Je tourne le dos au vent. Et, seul, j'aborde des eaux paisibles.

Ce lieu tranquille apaise le tumulte qui m'habite. Il se calme et trouve le repos. Je suis réconforté.

Après un moment, un léger zéphyr m'effleure l'oreille. Il me rafraîchit. Je me tourne et le vois faire doucement ondoyer l'eau sous un ciel plus doux.

❦

Sitôt que Joey est installé sur les genoux de sa mère et contemple son visage, celui-ci devient la présence prédominante de son monde. C'est pour Joey un stimulus si puissant que les moindres mouvements de ce visage définiront complètement son monde immédiat. Il a pénétré dans un « visage-monde ».

Au début, ce visage est plutôt dépourvu d'expression. Sa mère a l'esprit ailleurs, elle est perdue dans une rêverie passagère. Elle n'est pas encore entrée en interaction avec lui, bien qu'elle le regarde. Il observe brièvement, l'un après l'autre, ces traits qu'il connaît par cœur, à présent. Leurs mouvements caractéristiques lui sont familiers. Et il sait ce qui normalement doit se passer. Quoique cela arrive de temps en temps, il est inhabituel qu'elle reste sans expression, ne fût-ce qu'un instant, quand ils sont face à face et qu'elle le contemple. Et cela trouble Joey de la voir « immobile et morne », les traits figés. Cet engourdissement doit lui paraître étrange, immergé comme il l'est dans ce visage qui représente son monde immédiat, celui d'où lui vient toute stimulation. Il a l'impression que sa mère – sa vitalité – est absente, et il se demande où elle est allée.

Au bout du troisième mois, quand le bébé sait à quoi s'attendre lors d'un face-à-face avec sa mère, il est perturbé si elle dévie considérablement de son comportement habituel. Il est particulièrement perplexe si elle cesse brusquement toute interaction et si son visage devient vide, ou s'il ne parvient pas à y faire naître d'expression. Dans l'expérience bien connue du *visage impassible* *, on demande à la mère de s'interrompre en pleine interaction, de ne plus bouger, d'effacer toute expression de son visage en se contentant de fixer le bébé. Les enfants de plus de deux mois et demi ont une réaction très forte devant ce visage impassible. Ils regardent autour d'eux. Ils perdent le sourire et se rembrunissent. Ils font des tentatives répétées pour ranimer une étincelle de vie chez leurs mères, en lui souriant, en l'appelant du geste et de la voix. S'ils n'y parviennent pas, ils finissent par se détourner, l'air un peu malheureux et confus.

* Il s'agit de l'expérience qu'on appelle en anglais *the still-face procedure*.

En laissant ses pensées s'égarer, la mère de Joey vient involontairement de se livrer, de manière brève et partielle, à cette expérience. Cela perturbe Joey pour plusieurs raisons. Lui qui s'attendait à entrer dans un monde magique, à assister au son et lumière d'un visage mobile répondant à ses moindres gestes (« la lumière et l'air se déchaînent en un jeu turbulent ») ne trouve qu'immobilité et morosité. Non seulement il est sensible à l'absence de la stimulation qu'il attendait, mais il se peut qu'il s'identifie à sa mère ; il se peut même qu'il l'imite et partage le même état. Faute d'en connaître exactement la nature, il a simplement le sens, vague et troublant, qu'elle est mentalement ailleurs. Un ailleurs où il ne veut pas aller. En s'identifiant à elle, il sent cette grisaille émotionnelle s'insinuer en lui.

C'est un phénomène absolument fascinant que ce processus d'identification par lequel un petit enfant – ou même un adulte – ressent et agit comme une autre personne et fait en quelque sorte de cet autre une partie intégrante de lui-même. Bien que peu compris, cela revêt une considérable importance clinique car de nombreux problèmes psychologiques peuvent être envisagés comme résultant de l'identification de l'enfant avec un parent fréquemment déprimé, nerveux, psychotique ou violent. Il arrive aussi qu'un enfant soit incapable, ou empêché (pour une raison ou une autre), de s'identifier avec les aspects positifs d'un des parents et donc de les intégrer. C'est une conséquence fréquente des divorces difficiles, où l'un des parents décourage la moindre velléité de la part de l'enfant de s'identifier à l'ancien conjoint.

Joey dispose déjà de deux facultés essentielles au processus d'identification. D'abord, il imite de façon presque automatique les expressions et les gestes des autres. En fait, il n'a cessé de se livrer à des imitations fragmentaires, pratiquement depuis sa naissance. De plus, à l'instar des adultes, il est sensible à certaines contagions. Ainsi, on bâille en voyant quelqu'un bâiller, on se sent plus gai et l'on se surprend à sourire en voyant quelqu'un rire (même si l'on ignore à quel propos), ou l'on a les yeux humides à la vue d'une personne en train de pleurer. Dans les nurseries des services de maternité, les nouveau-nés fondent en larmes en entendant les vagissements de leurs voisins de berceaux. Cette contagion est bien plus qu'une simple imitation. On est pour ainsi dire envahi par l'état affectif de l'autre, qui déclenche en soi une réponse.

Ces facultés d'imitation et de contagion permettent peut-être à Joey, dès un âge précoce, de s'identifier à sa mère, de partager son humeur préoccupée. Malgré sa distraction passagère, elle lui répond très vite. Mais qu'on imagine une mère préoccupée de manière chronique (par des problèmes conjugaux ou professionnels) au point de n'être pas entièrement « présente » lorsque tous deux sont face à face. Qu'on imagine une mère (ou la personne s'occupant de l'enfant) déprimée et peu disponible, même lorsqu'elle est là. Dans les deux cas, l'enfant devra apprendre à avoir des attentes différentes. Il apprendra à construire l'image mentale d'une mère dont la présence physique existe mais ne se manifeste, en tant que force animée capable de réponse, que de façon faible ou intermittente. L'enfant qui désire éprouver et conserver un haut degré d'animation et de joie devra éviter le contact direct avec elle, même en sa présence. Il apprendra à chercher ailleurs l'indispensable stimulation. Il se peut également qu'il apprenne à faire des efforts extraordinaires pour charmer sa mère, pour l'attirer vers lui – agissant comme un antidépresseur, afin qu'elle lui réponde d'une certaine manière. Joey attend cependant autre chose de sa propre mère. Il n'est pas contraint de faire naître une stimulation en lui-même par ses seules ressources. Loin d'avoir à la fuir, c'est vers elle, vers son animation qu'il se tourne, en quête d'étincelle vive.

C'est dans ses yeux qu'il la trouve. En fait, ils l'attirent en raison des qualités fortes et stimulantes dont j'ai déjà parlé : le contraste entre le clair et le foncé, les courbes, les angles, l'éclat, la profondeur et la symétrie. Au cours des deux derniers mois, depuis qu'il a sept semaines, les yeux en sont venus à dominer les autres traits du visage maternel. Ils sont pour le regard de Joey la plus fascinante des cibles. Engagé dans une contemplation mutuelle, il pénètre dans le « monde lointain » de ces seuls yeux.

Ce regard est, de fait, tout un monde à l'intérieur d'un monde. Contempler des yeux qui vous regardent en retour est une expérience sans pareille. Cela donne l'impression de ressentir, de suivre confusément la vie mentale de l'autre. Lorsque deux personnes se regardent, elles se fixent alternativement dans l'œil gauche puis dans l'œil droit.

(Si quelqu'un ne le fait pas, c'est qu'il n'accorde pas son attention tout entière.) Chacun de ces changements rapides, en modifiant légèrement l'angle visuel, modifie aussi, parfois très fortement, d'autres presque imperceptiblement, ce que voient les deux personnes. Ces changements de direction et d'objet semblent refléter les pensées. « J'oscille au gré des pensées fugitives qui font ondoyer la surface de ses yeux. »

« Les courants invisibles de son animation », dont Joey sent la force, reflètent la stimulation que provoque si fortement un regard mutuel. Cette stimulation est une tension interne qui monte, une poussée d'animation ou d'excitation, une disposition croissante à agir, soit affectueusement, soit avec hostilité. Si rien n'interrompt ce regard mutuel et silencieux, la tension interne croît rapidement. Habituellement, on module cette tension en adoptant une attitude qui nous en distrait, en parlant, en s'agitant ou en laissant vagabonder ses pensées. On perçoit les baisses et les regains d'intérêt de l'autre à de nombreux indices subtils : modifications du rythme respiratoire, changements de concentration du regard, légers mouvements autour des yeux ou de la bouche. Le bébé est à l'affût de ces mêmes indices.

C'est pendant cette expérience où l'excitation monte et tombe chez Joey comme chez sa mère qu'il sent les « courants invisibles » : ils « me taquinent. Je les appelle ». En sondant ainsi sa mère, Joey la rappelle à la « vie ».

Et elle lui répond. Elle lui rend toute son attention et lui sourit. Tandis qu'elle laisse les courants de la vie affluer en elle, Joey assiste à cette métamorphose comme à la transformation de la mer et du ciel. Plus précisément, il observe les mouvements du moindre de ses traits au fil de l'épanouissement d'un sourire. Après tout, chacun d'eux demeure pour lui une forme d'espace, doté d'une architecture, d'une luminosité et d'un mouvement propres. En une progression chorégraphique, le sourire modifie la tension de la peau et creuse des rides d'expression : « La surface scintille à présent sous la lumière. » Les joues s'arrondissent, les lèvres s'écartent : « De nouveaux espaces s'ouvrent. » La courbe des pommettes s'accentue, les commissures des lèvres remontent : « Des arcs s'élèvent et flottent. » A mesure que change l'architecture du visage, « les volumes et les plans reprennent leur danse ».

Joey voit aussi dans toute cette transformation la preuve d'un retour de la force vitale chez sa mère, retour qui l'affecte de manière directe et immédiate. « Son visage devient une brise légère qui se porte vers moi pour me toucher. Elle me caresse. »

En se tendant ainsi vers lui, le sourire de sa mère exerce son pouvoir naturellement communicatif. Il provoque un sourire chez Joey, insuffle en lui de la vitalité. Il fait vibrer chez l'enfant l'animation que sa mère éprouve et déploie. Il sent sa joie grandir, jaillir sous ce sourire. Puis il lui donne libre cours : « Je m'anime. Mes voiles s'enflent sous elle. Ma danse en moi est libérée. » A présent, il répond et s'identifie à sa mère.

Une fois que quelques sourires ont été échangés entre une mère et un bébé de cet âge, un certain processus s'est déjà mis en marche. Voici ce qui se passe. Le sourire de Joey et celui de sa mère sont en léger déphasage l'un par rapport à l'autre. C'est tout à fait normal, car il faut du temps pour qu'un sourire naisse, s'épanouisse et s'efface. Lorsque Joey voit sa mère lui faire un large sourire, cela déclenche son propre sourire. Et lorsque son sourire à lui s'est complètement épanoui, cela ranime le sourire maternel. En restant déphasés, ils relancent mutuellement l'interaction et prolongent le duo. C'est le fait d'entrer et de sortir de ce champ d'animation que la mère a créé par ses sourires successifs, qui donne à Joey l'impression de traverser des brises locales. Telle est la poursuite à laquelle ils se livrent. Le sourire de l'un étant à la fois la cause et la résultante du sourire de l'autre, ils finissent par s'entraîner mutuellement, « par bonds » : « Nous jouons à saute-mouton. La danse est entre nous. »

Ce schéma de comportement entre la mère et le bébé devient courant après le troisième mois. Il existe aussi bien lorsqu'ils se parlent et se répondent par vocalises que lorsqu'ils se sourient tour à tour. C'est la première, la principale leçon qu'apprend l'enfant sur l'échange réciproque, qui est la règle cardinale de toute discussion entre deux personnes. Ainsi, ce simple jeu pose les fondements de la relation sociale.

De plus, Joey peut désormais s'envisager comme prenant une initiative en vue d'un but à accomplir. Il a le sens d'être l'auteur de ses propres actes, et que ses actes ont des conséquences prévisibles. Il sent qu'il est lui-même l'un des agents d'une chaîne causale d'événements. « Je l'appelle. Elle me répond et me suit. »

Ce nouveau sens d'être lui-même acteur et agent est apparu au cours du mois précédent, parce qu'il a constaté à maintes et maintes reprises que le fait de sucer son pouce ou de babiller provoquait en réponse un sourire ou des mots. Lorsque par exemple il suce son pouce, il sent sa volonté de sucer son pouce (le désir), l'accomplissement de ce désir grâce au mouvement de son bras (l'action), la réponse musculaire, la nouvelle position de son bras dans l'espace l'informant que l'événement a eu lieu comme prévu (l'exécution), et, enfin, le résultat désiré d'avoir le pouce dans la bouche (le but). Tous ces éléments s'associent pour former une seule et unique constellation d'événements (ce sont les invariants dont j'ai parlé précédemment).

Il en est également venu à prendre conscience que sa mère est un acteur-agent différent et distinct. En général, Joey dissocie clairement l'agent et l'objet d'une action particulière. Par exemple, quand sa mère, sortant de sa rêverie, a souri spontanément quelques secondes plus tôt, elle était visiblement l'agent et lui l'objet. Un peu plus tard, il prendra l'initiative d'un sourire pour déclencher un nouveau processus dont, à l'évidence, il sera l'unique agent. Toutefois, pendant ce moment particulier où les sourires s'enchaîneront, de lui à elle, il y verra probablement le résultat d'une initiative commune. Sa mère lui adresse volontairement des sourires, mais c'est lui qui les a fait naître. De même, il lui sourit volontairement, mais c'est elle qui l'inspire. Il y a beaucoup de moments semblables, faits d'initiatives communes et de création mutuelle. Dans la relation à autrui, ce sont eux qui tissent les liens de l'attachement, dont une si grande part est formée des souvenirs et des modèles mentaux de ce qui passe entre soi et l'autre. Ce que l'on éprouve auprès de cet autre. Ce qu'il est seul capable de nous faire ressentir. Ce que l'on peut se permettre de faire, d'éprouver, de penser ou de désirer – mais uniquement en sa présence. Ce que l'on peut accomplir grâce à son soutien. Quelle opinion, quelle part de soi ont besoin de son regard, de son écoute, pour s'épanouir.

« Soudain le vent tourne. » C'est à ce moment que la mère de Joey change d'attitude : non contente de lui rendre son sourire, elle passe au stade supérieur. Elle rompt le mode facile de l'échange de sourires et cherche à rendre l'engagement plus intense en affectant une expression de surprise exagérée. Les mères le font souvent dans ce but, et c'est idéal pour inciter un bébé à réagir. La mère affiche généralement cette feinte surprise avec beaucoup d'entrain. Elle redresse la tête et la renverse en arrière (« le monde de son visage bascule »). Puis elle arque les sourcils, écarquille les yeux et ouvre la bouche (« de nouveaux espaces s'ouvrent »). Tout en conservant cet air stupéfait, elle approche son visage de celui de Joey. Ces mouvements coordonnés semblent à l'enfant pareils « à une brise, nouvelle et forte » : « Elle vole vers moi. » En même temps, elle pousse de petites exclamations qui vont crescendo et forment « le chant qui s'élève » de la brise dont Joey est enveloppé.

D'ordinaire, cette attitude a un effet spectaculaire. Elle « active » le bébé. Plus la stimulation à laquelle il est soumis est forte, plus il est actif ou excité. Ce lien direct entre l'intensité de la stimulation extérieure (dont la mère est à l'origine) et l'état d'excitation du bébé est une règle générale de l'interaction mère-nourrisson. Dans ce cas précis, la mère est passée à un niveau supérieur de stimulation, en allant de sourires bien modulés à un air de surprise auquel s'ajoutent une vocalisation et un contact physique. Non seulement Joey sent immédiatement son excitation monter en flèche, mais il n'a rien à faire, sinon laisser sa mère précipiter le mouvement et jouer sur son système nerveux si apte à réagir : « Je glisse en avant, rapide, dans un ravissement sans effort. »

L'expression surprise de la mère sert en fait de prélude à un jeu particulier, qui consiste à mettre leurs nez en contact. Plongeant en avant, la figure animée et la voix vibrante, elle pose son nez contre celui de Joey puis recule et marque une pause pleine de suspense pour préparer l'offensive suivante. Elle fait cela à deux reprises, rendant chaque fois le jeu un peu plus théâtral et stimulant. Il y a ainsi une foule de jeux auxquels, dans le monde entier, on joue avec un bébé. Du « je vais t'attraper » à « la petite bébête qui monte » en passant par le « je te tiens par la barbichette », ils suivent un schéma aussi complexe qu'intéressant. Bien que l'idée soit simplement de s'amuser, elle est réalisée conformément à certaines règles.

Ainsi, les gestes du jeu doivent être assez stimulants pour entretenir l'animation, mais pas de manière excessive, afin de ne pas trop exciter et désorganiser le bébé. En revanche, il ne faut pas qu'ils soient trop monotones, sinon il s'ennuiera. Ils doivent respecter une limite optimale de stimulation pour que le petit enfant demeure dans les limites optimales de l'excitation et du plaisir. Ce n'est pas chose facile. Le bébé se familiarise vite avec tout ce qui prend un caractère répétitif. Ce qui devient habituel le lasse. Pour cette raison, la mère ne peut refaire exactement les mêmes gestes et répéter constamment le jeu ; elle doit varier à chaque fois. Aussi, elle transforme intuitivement le jeu en thème sujet à des variations, où chaque répétition diffère suffisamment de la précédente pour éviter que le bébé ne s'y habitue, et pour entretenir son intérêt.

La mère de Joey agit ainsi sans y penser ; cela fait partie du comportement « intuitif » des parents. On est stupéfait de tout ce que des parents moyens savent faire intuitivement. Par exemple, la plupart d'entre eux modifient leur manière de parler lorsqu'ils s'adressent à un bébé. Ils prennent une voix plus aiguë. Ils ralentissent le rythme, articulent mieux. Ils adoptent une intonation plus chantante. Et ils adoucissent certains sons : « petit ours » devient « titou ». Ils le font inconsciemment, sans l'avoir jamais appris. Même les enfants de quatre ou cinq ans, qui n'ont pas de frère ou de sœur plus jeune, agissent de même devant un bébé. Ces comportements ne sont pas seulement intuitifs, mais biologiquement adaptés. Les bébés préfèrent, par nature, les sons prononcés dans un registre plus élevé, pas trop rapide, mélodieux, aux consonnes douces. L'évolution a apparemment modelé le comportement parental afin qu'il coïncide avec les préférences auditives du bébé.

L'utilisation de ces variations sur un thème pour réguler le niveau d'intérêt du bébé est également un comportement parental intuitif. Et c'est exactement ce que la mère de Joey essaie de faire en montrant plus d'animation à chaque répétition, ou variante successive.

Certains bébés, dont Joey, semblent adorer les jeux qui leur font frôler leur seuil maximal de tolérance à l'excitation. C'est un peu flirter avec le danger. Pendant ce « nez-à-nez », chaque plongeon de sa mère, dont le visage et la voix sont pleins d'amusement, fait à Joey l'effet d'un coup de vent qui le grise. S'il parvient à conserver son équilibre et à soutenir le choc, la vitesse et le brusque mouvement qui le soulève sont délicieusement palpitants. Il en est ainsi la première fois, la deuxième, aussi, mais dans une moindre mesure. La troisième fois, l'attaque est trop violente et Joey n'a pas encore retrouvé son équilibre après la deuxième rafale : il n'a pas repris le contrôle de son niveau d'excitation. Aussi, quand approche le troisième assaut, Joey ne peut plus maîtriser la stimulation. Elle l'« ébranle », et il commence à la combattre. Ayant dépassé son seuil optimal d'excitation, il hésite craintivement, sur le point d'être vaincu et désorganisé.

Confronté à une stimulation excessive, Joey dispose de moyens simples pour parer à un éventuel désastre. Le plus simple est de détourner la tête, de fuir le regard de sa mère. C'est ce qu'il fait : « Je vire et je m'éloigne. Je tourne le dos au vent. » Cet acte répond à trois objectifs. Premièrement, la source de stimulation n'étant plus en vue, elle n'agit plus directement sur lui. Deuxièmement, il peut choisir de regarder ce qu'il veut, et ce choix se fixera sur un objet beaucoup moins stimulant afin que son excitation – et son rythme cardiaque – puisse retomber dans des normes acceptables : « Et, seul, j'aborde des eaux paisibles. » Là, il peut se ressaisir, retrouver un état où il est de nouveau ouvert et réceptif à la stimulation extérieure. Troisièmement, il envoie à sa mère un signal lui indiquant ce qu'elle doit faire ensuite. Elle comprend le message. Les parents ont constamment besoin de ce genre de réponse pour savoir ce qu'il faut faire, et quand. Etre de « bons » parents consiste, dans une large mesure, à savoir adapter son comportement.

La mère de Joey lui a véritablement fait subir une stimulation excessive. Ce n'est d'ailleurs ni la première ni la dernière fois de sa vie. Cela se produit forcément dans toute interaction animée entre parent et enfant, car chacun pousse plus loin les limites. On ne peut reculer des limites sans les repousser. Et quand on les repousse, on commet inévitablement des erreurs. Ces erreurs nécessaires sont d'une grande valeur potentielle, en ce qu'elles aident l'enfant à développer sa manière bien à lui d'affronter toutes sortes de gens et d'expériences. Joey est venu à bout, entièrement par lui-même, d'une stimulation et d'une excitation excessives – ce qui n'est pas une mince leçon. Et finalement, l'erreur de calcul que sa mère a commise en surestimant son seuil de tolérance ne provoque ni un traumatisme ni une tragédie. Joey a plutôt bien tiré son épingle du jeu — de sorte que, après quelques secondes, il est de nouveau prêt à accepter une autre interaction. Mais il ne répondra qu'à une invite très douce, qui corresponde à un faible niveau de stimulation. Sa mère a compris, intuitivement, ce qui s'est passé. Elle s'arrête le temps qui convient, puis l'invite d'un murmure et d'un sourire très tendre à reprendre le jeu. Joey, s'y sentant prêt, perçoit cette invitation comme la caresse d'un « léger zéphyr », et ce sourire comme un ondoiement. Le voilà de retour dans la relation sociale, le « face-à-face, ici et maintenant, entre nous ». Bientôt la mère et l'enfant, parce que tous deux savent s'envoyer un signal et s'y adapter, renoueront leurs rapports et se lanceront dans un autre jeu improvisé.

2

Temps, espace, courant
12 heures

Plus tard ce dimanche matin, Joey se rend avec son père dans une maison voisine, chez des amis de la famille qui les ont invités à un *brunch*. Sa mère les rejoindra. Son père le porte sur la hanche. Plusieurs personnes sont déjà là. Le père de Joey fait le tour de la pièce pour dire bonjour à tout le monde, son fils toujours dans ses bras. Les gens vont et viennent puis s'asseyent, leur café et leur assiette à la main. Le père de Joey s'installe alors dans un fauteuil profond, l'enfant sur ses genoux, tourné vers les gens de la pièce. On commence à parler à bâtons rompus. Tantôt Joey semble vaguement attentif au flot de la conversation, tantôt il regarde la fenêtre, sur le mur qui lui fait face, tantôt son attention vagabonde. L'un des invités fait une réflexion amusante. Tout le monde rit. Alors une femme, à l'autre bout de la pièce, éclate d'un rire perçant. Joey se tourne vivement pour la regarder. Mais, bien vite, il se détend et s'appuie contre son père.

LE MONDE SOCIAL IMMÉDIAT

❧

Je fends l'air avec Papa...

Nous entrons dans un endroit où les gens et les choses bougent dans tous les sens. Chaque planète, Lune ou comète, suit sa propre course, vers une destination inconnue. Chacune se meut à sa propre vitesse et à son propre rythme...

Nous nous arrêtons et nous installons...

La musique tourne autour de nous, allant d'une personne à l'autre. Papa reprend la musique. Elle vibre contre mon dos. Il la laisse échapper et elle s'éloigne en flottant vers un autre endroit...

Je me soulève et retombe sur le flot facile de sa respiration...

Là-bas il y a un cadre. A l'intérieur, une lumière chaude, intense. Quand les gens passent devant, le cadre se vide de son intensité, puis vite se remplit. Dans ma chambre à la maison, ma lumière chaude et intense du matin danse plus lentement...

La musique reparaît et s'enfle. Elle se précipite à travers la pièce et s'écrase sur la figure d'une femme. Je me tourne brusquement vers elle...

Papa me serre contre lui, et je me sens mieux.

☙

Lorsque nous avançons dans l'espace, nous les adultes, nous trouvons naturel de créer un courant visuel apparent, composé de tous les objets qui nous entourent. Quand, par exemple, vous entrez dans une pièce et que vous vous dirigez vers une personne qui se trouve à l'autre bout (comme le fait le père de Joey), tous les gens, les tables et les lampes qui, à gauche, vous séparent de cette personne paraissent flotter vers vous et vous dépasser sur la gauche, et tout ce qui se trouve à droite paraît flotter vers vous et vous dépasser sur la droite. Ainsi, visuellement, en avançant on crée deux larges courants d'espace qui se divisent à notre hauteur et nous contournent de part et d'autre. La personne vers laquelle on se dirige n'entre pas dans ce flot visuel. Elle est le point immobile, tel le point de fuite d'un tableau réalisé selon une conception spatiale traditionnelle. Le mouvement crée une organisation cohérente de l'espace autour de nous.

Quand, une fois dans la pièce, le père de Joey va dire bonjour à quelqu'un, il expérimente naturellement ce courant visuel d'espace créé par son mouvement. Mais il n'en est pas de même pour Joey, bien qu'il soit dans ses bras, bien que leurs déplacements dans l'espace soient identiques. La raison pour laquelle l'enfant ne perçoit pas ces deux fleuves visuels est qu'il ne s'est jamais déplacé de façon autonome. Il ne progressera à quatre pattes que dans trois à cinq mois, et il ne marchera que dans six à neuf mois. Jusqu'à présent, tous ses déplacements dans l'espace ont eu quelqu'un d'autre pour agent. Il semble que le système visuel humain dépende de l'expérience du mouvement autonome pour développer pleinement la faculté de se représenter l'espace comme un courant, lorsqu'on se déplace. C'est une faculté qui s'acquiert et se fonde sur une expérience motrice active.

Ainsi, au lieu d'évoluer dans un monde spatial organisé

par un courant visuel dirigé, Joey se trouve dans un univers relativement chaotique. Il y perçoit les êtres et les objets comme des planètes, des lunes ou des comètes évoluant « en tous sens », chacune suivant « sa propre course... à sa propre vitesse, son propre rythme ». Pour lui, le flux spatial reste inorganisé. Il n'est pas embarrassé par cette absence d'organisation ou de cohérence : cela ne viole aucun des principes qu'il connaît. C'est simplement ainsi que va le monde, pour le moment.

La plupart des jeunes enfants semblent accepter de bon gré, jusqu'à ce qu'ils sachent ramper ou marcher, d'être déplacés dans les positions qui nous paraissent les plus invraisemblables. Un bébé est couché sur le dos, le visage tourné vers le haut dans une voiture. Il est repoussé vers le fond de la banquette par la vitesse, son champ de vision à moitié masqué par la capote. Puis, au virage suivant quand la voiture tourne, le voilà soudain projeté en avant. Une minute plus tard, quand le soleil voilé par des nuages devient moins aveuglant, la capote est baissée et c'est une tranche beaucoup plus importante de panorama qui défile. Les enfants tolèrent bien ces changements qui n'enfreignent encore aucune convention privilégiée, tant visuelle que vestibulaire, liée au déplacement dans l'espace.

Joey sait toutefois parfaitement bien qu'il se déplace. Quoique ce mouvement passif n'organise pas l'espace, son centre de l'équilibre fonctionne et lui donne l'information qu'il progresse ou que son père et lui sont arrêtés. Une fois qu'ils ont pris place dans le fauteuil, Joey a un nouveau point de référence (l'immobilité) qui lui est totalement familier.

Quant au monde temporel de Joey, il englobe aussi bien l'heure de l'horloge que le temps subjectif. L'heure de l'horloge va toujours de l'avant, à un rythme régulier. Elle ne s'arrête jamais. Le temps subjectif, en revanche, peut revenir en arrière et faire défiler les événements dans la mémoire. Il avance à une vitesse variable, tantôt lente, tantôt rapide. Il y a souvent des « vides », comme si la pendule s'arrêtait sans qu'on le remarque, pour repartir ensuite. Les jeunes enfants perçoivent-ils le temps subjectif de la même manière que les adultes ? Le problème le plus considérable posé par cette question est que la manière dont l'adulte perçoit le temps subjectif n'est pas claire. Pour prendre un exemple, alors que j'écrivais ce paragraphe, ce matin, le téléphone sonna. Je partis décrocher au pas de course, afin que la sonnerie ne réveille pas ma femme. J'avais toujours à la main mon stylo décapuchonné tandis que j'étais à l'appareil, dans l'entrée. C'était mon ami Tom, qui m'appelait pour me prévenir qu'il ne pourrait passer me prendre comme prévu, mais qu'il me retrouverait à la gare dans trois quarts d'heure, pour aller en ville. Pendant qu'il parlait, j'eus la vision de Tom descendant la rampe d'accès au quai vers l'endroit précis où je l'attendrais, et je fus un peu ennuyé à l'idée qu'à ce rendez-vous aussi il serait en retard. Après un laps de temps où je ne me rappelle plus ce que nous nous sommes dit, l'idée que ma femme se soit réveillée en m'entendant me préoccupa. En y pensant, je me la représentais au lit, comme si j'étais en train de planer dans les airs, dans la chambre à coucher. Puis il y eut un autre laps de temps après lequel je me souviens seulement d'avoir regardé un motif sur le sol. Je ne me souviens de rien d'autre jusqu'au moment où je me suis retrouvé dans mon bureau, occupé à ranger mes affaires dans mon porte-documents. Je n'ai pas souvenance d'avoir mis fin à la conversation téléphonique ni d'avoir regagné mon bureau, alors que de toute évidence, j'ai fait l'un et l'autre.

Cette remémoration d'une expérience récente illustre la façon dont peut être ressenti le temps subjectif lorsqu'on accomplit des tâches plutôt routinières, sans qu'aucun fait important, qu'aucune émotion forte n'interviennent pour organiser l'attention. Plusieurs points frappants se dégagent de cette petite scène. D'abord, le temps subjectif est discontinu : son cours est semé de lacunes où la conscience de ce courant s'interrompt puis reparaît soudain, plus bas, dans le temps « réel », celui de l'horloge. Ensuite, il est possible de se situer dans deux dimensions temporelles à la fois : tel que je suis maintenant, en train de parler au téléphone, un stylo à la main ; et à la gare, « voyant » mon ami descendre vers le quai, près d'une heure plus tard. On peut se trouver dans deux ou trois cadres différents au même instant : près du téléphone dans l'entrée, à la gare, dans la chambre à coucher – chaque lieu étant « vécu » avec une part d'attention différente et fluctuante. Enfin, on peut relier des actions discontinues, des dimensions du temps et de l'espace disparates, pour les entremêler dans un récit raisonnablement cohérent de ce qui s'est passé à un moment particulier, comme ce matin. Toute histoire sous-tendue par un thème, des intrigues secondaires et les procédés porteurs de sens qui constituent notre existence quotidienne, paraît cohérente et compréhensible. Je comble tous les vides, sachant comment le monde fonctionne en général, si bien que je ne suis pas obligé de me rappeler avec exactitude ce qui s'est réellement passé.

Je pourrais par exemple articuler cet incident autour du thème : « Mon ami Tom est compliqué. » Il m'appelle à une heure indue de la matinée, m'interrompt dans mon travail, me fait courir pour décrocher afin que le téléphone ne réveille pas toute la maisonnée, change nos plans à la dernière minute et prévoit un nouveau rendez-vous auquel, de toute façon, il sera en retard. Racontée de la sorte, la scène semble fondée sur un argument solide. Nous agissons comme si l'essentiel de notre vie était vécu ainsi, quand en réalité le fonctionnement de notre cerveau fait que de nombreuses choses diverses et peut-être sans relation ont lieu en parallèle. Parmi ces nombreux événements psychiques, nous choisissons ceux qui nous permettront de construire un récit cohérent de l'expérience vécue.

Mais jusqu'à présent, Joey ne ressent guère, ou pas du tout, la corrélation entre les événements et le temps. Ainsi, dans sa propre narration, chaque élément distinct retenant son attention ou le champ limité de son expérience est suivi de points de suspension, qui indiquent probablement un « vide ». Joey n'est pas encore en âge d'être capable – ou d'éprouver le besoin – de retravailler la séquence de ses expériences pour en faire un tout cohérent. Là où l'adulte se sent fragmenté et désorganisé, faute de pouvoir rendre en un tout raisonnablement logique et compréhensible ses activités mentales, à l'âge de Joey l'enfant accepte son expérience telle qu'il la vit dans l'instant. En l'occurrence, Joey a eu au moins huit expériences discontinues et sans liens très précis : être porté par son père, traverser la pièce, s'arrêter et s'asseoir, entendre le flot d'une conversation, sentir son corps bouger au rythme de la respiration de son père, regarder la fenêtre et se rappeler le rayon de soleil qui tombe dans sa chambre, le matin, entendre un rire de femme, être rassuré physiquement par son père. Chacune de ces expériences existe indépendamment, dans son propre cadre de temps subjectif.

Comment Joey vit-il les souvenirs du passé ? Les souvenirs que l'on se remémore créent un cadre de temps, *alors*, parallèle à *maintenant*. A quatre mois et demi, Joey est juste assez âgé pour considérer deux choses en même temps. Pourquoi, dans ces conditions, ne peut-il pas envisager un événement passé en même temps que le présent ? Joey assimile la fenêtre, de l'autre côté de la pièce, à une « lumière intense ». Quand au passage quelqu'un en masque la lumière, le petit enfant a l'impression que l'intensité « se vide » ; sitôt la personne passée, la fenêtre « se remplit » de nouveau d'intensité. Ce rectangle de lumière crue, particulièrement aveuglante dans la pièce sombre, lui rappelle la tache de soleil sur le mur de sa chambre, au matin. Ce souvenir se présente à son esprit sous l'aspect d'une « image », qu'il compare ensuite avec l'image, perçue directement, de la fenêtre. Mais Joey ne sait pas que l'une de ces images n'est qu'un souvenir. Il passe simplement par deux formes différentes d'expérience.

Joey n'a pas d'hallucinations. Il n'a pas perdu contact avec la réalité. Il n'existe pas en lui de confusion entre l'image remémorée et l'image perçue. C'est plutôt qu'il fait l'expérience de deux types d'événements psychiques en même temps. L'image remémorée étant aussi vécue ici et maintenant, elle n'est pas, subjectivement, un souvenir. Elle est pour lui tout aussi vivante, mais relève d'un genre de vie différent. Joey opère simplement une moins large discrimination que l'adulte en général pour juger de ce qui appartient au présent. Ainsi, tout pour lui se situe dans l'instant. Et au lieu de la représentation linéaire et cohérente que l'adulte forme habituellement du temps, celle de Joey est un présent marqué d'une vive diversité. Il ne peut pas encore replacer ses huit expériences dans le contexte temporel embrassant toute l'histoire, comme il le fera à quatre ans (voir la cinquième partie).

Le temps et l'espace ont leurs propres lois, auxquelles tout corps, humain ou non, doit obéir. Mais ainsi que je l'ai dit, Joey à cet âge est particulièrement fasciné par les adultes, et leurs moindres gestes le captivent. Par exemple, il prend conscience du flot spatial de conversation, parce que la voix humaine possède une grande signification pour lui. Il ne suit pas le motif spatial du tintement des petites cuillers contre les soucoupes, du grincement des portes ou du raclement des chaises sur le sol, qui coexistent dans cette même pièce — et qui sont parfois, pour l'enfant autistique, plus attirants que la voix humaine.

Bien entendu, Joey suit les sonorités générales et non les termes exacts des conversations. C'est comme s'il écoutait tour à tour les différentes mélodies qui émanent d'un orchestre, des cordes aux instruments à vent, puis aux cuivres : « La musique tourne autour de nous, allant d'une personne à l'autre... Elle s'éloigne en flottant. » Du fait que Joey écoute la musique et non les paroles, il a une sensibilité différente par rapport à celle de l'adulte de ce qui est harmonieux. Le rire féminin le saisit parce qu'il représente pour lui un terrible « couac » dans la musique. Ce qu'il ne sait pas, contrairement aux adultes, est que quelqu'un vient de dire une plaisanterie, et que ce rire est une réponse intelligible. En revanche, ce que les adultes n'enregistrent pas consciemment, mais que Joey perçoit, est que ce rire trop sonore est forcé : il apporte à la musique une note discordante — suffisamment discordante pour le faire sursauter et l'inquiéter, comme s'il avait entendu un coup de feu. « Je me tourne brusquement vers elle. » Cela a sur lui un effet si violent que son père sent, probablement inconsciemment, le besoin qu'éprouve son bébé d'être rassuré. Il attire Joey contre lui, et la nouvelle stabilité que procure à l'enfant ce contact physique plus étroit l'aide à se sentir mieux et à continuer à suivre la musique.

C'est là une situation où les adultes ont replacé un événement — un rire de femme — à l'intérieur d'un contexte social global, dans le cadre d'une histoire. Dans l'optique de ce contexte, le rire est justifié, et la manière de rire, un détail mineur. Seul Joey, qui reste constamment dans le moment présent, voit dans ce rire bruyant un événement capital.

Le contact physique avec son père, sa mère ou toute autre personne veillant sur lui définit nécessairement un type d'espace différent de celui qui se trouve « là-bas ». C'est un espace privilégié qui obéit aux lois de la relation affective. Ce ne sont pas la distance, la direction ou la position qui sont régies dans cet espace étroit, mais la sécurité, le confort et l'intimité.

De façon similaire, le petit enfant peut aussi ressentir le temps différemment quand il est engagé dans un face-à-face avec son père ou sa mère. Comme dans le « duo » qui a eu lieu un peu plus tôt le même matin, son attention est tellement captivée par l'engagement actif avec l'adulte que, tant que rien ne vient l'interrompre, il n'existe qu'un seul long moment présent. Dans la situation exposée ici, la structure du temps subjectif de Joey est différente. Il n'y a aucun engagement actif entre Joey et son père, du moins pas de ceux qui monopolisent son attention. Celle-ci est libre de vagabonder. C'est pourquoi le temps lui semble plus fracturé, moins cohérent. En revanche, dans le « duo en face à face », la rencontre elle-même organisait étroitement les activités mentales de Joey ; le fait interactif imposait une cohésion pendant une grande partie de l'expérience. Ainsi, en proposant à l'enfant un échange passionnant, les parents peuvent l'aider à organiser ses expériences si diverses en une suite qui revêt un sens.

III

LE MONDE DES PAYSAGES PSYCHIQUES. JOEY À DOUZE MOIS

Joey est en passe de faire deux grandes découvertes qui vont de pair. D'abord, qu'il a ses propres paysages psychiques ; des paysages qui ne sont pas visibles aux autres à moins qu'il ne tente de les leur révéler. Et ensuite, qu'il est possible de partager un paysage personnel avec quelqu'un d'autre. Ces deux découvertes marquent des étapes fondamentales du développement. Dès qu'il sera capable de les franchir, elles détermineront sa conception de l'humanité pour tout le reste de sa vie.

Un *paysage psychique* renferme des intentions, des désirs, des sentiments, une attention, des pensées, des souvenirs, tous ces événements qui surgissent avec acuité à l'esprit d'un individu mais sont invisibles aux autres. Ils composent les paysages subjectifs d'un monde personnel. Ce monde intérieur peut toutefois être révélé et rendu visible aux autres — jamais de façon exacte, mais suffisamment pour que deux personnes pensent avoir la même chose en tête. Quand cela se produit, elles partagent un *paysage psychique intersubjectif*. De plus, le paysage psychique de l'une peut être presque entièrement occupé par ce qui se passe dans l'esprit de l'autre. Un cas extrême d'intersubjectivité est la situation où une personne dit à une autre : « Je sais que tu sais que je sais... », ou « Je crois que tu crois que je crois... » Quelque compliqué que cela paraisse, c'est un processus routinier dans toute relation supposant l'intimité.

Une fois qu'un bébé se fait lecteur de l'esprit et du cœur humains, le centre de l'action relationnelle devient définitivement le spectacle né des motivations, des sentiments, des désirs et des buts humains, l'invisible contenu subjectif de l'esprit.

Comment savoir si Joey a franchi cette étape majeure que représente la découverte des paysages psychiques vers la fin de la première année ? Les indices en sont simples. Si par exemple Joey voit un jouet qui l'intéresse, mais qui se trouve de l'autre côté de la pièce, il se peut qu'il regarde sa mère pour attirer son attention et obtenir son aide. Si à cet instant elle ne regarde pas le jouet et qu'il veut qu'elle le regarde, à partir d'environ neuf mois il désignera l'objet, le bras et l'index tendus. Mais il ne se contente pas de le montrer. Son regard suit la direction de son bras tendu vers le jouet, puis revient sur le visage de sa mère, puis sur l'objet, alternativement, jusqu'à ce qu'elle tourne la tête pour voir ce qu'il lui montre.

L'« acte » qui importe à Joey, dans cet exemple, est de retenir l'attention de sa mère. L'attention est un état subjectif de l'esprit, un paysage psychique. Elle s'accompagne d'un comportement apparent — tourner la tête et diriger son regard vers un certain point –, qui reflète assez clairement une partie de ce qui se passe à l'intérieur de l'esprit. Le fait intéressant est que Joey a commencé à détacher sa préoccupation centrale du comportement apparent qui existe entre lui et les autres, des événements extérieurs qui peuvent être perçus directement, tels les gestes, les expressions du visage, les inflexions de la voix. A présent, il se préoccupe davantage de l'état, du paysage psychique, qui sous-tend ce comportement apparent.

A cet égard, Joey s'intéresse depuis peu aux objets cachés, aussi bien qu'aux événements psychiques cachés. Jusqu'à maintenant, il ne cherchait jamais un objet caché à son regard. Il agissait comme si celui-ci avait cessé d'exister sitôt qu'il lui avait été impossible de le voir. A présent, il cherche des yeux l'objet caché, qui est sorti de son champ de vision mais pas de son esprit. Les choses peuvent désormais exister dans l'esprit seul. La raison en est, en partie, que sa mémoire s'est développée. Il peut se rappeler des objets ou des événements qui n'appartiennent pas au moment présent. Il peut les faire surgir de sa réserve de souvenirs et les faire vivre sur une scène mentale, sous forme d'image ou de paysage psychique. A cette époque, il devient aussi fasciné par tous les jeux où l'on cache quelque chose : là encore, il faut se remémorer ou imaginer ce que l'on ne peut voir. Le jeu qui a universellement la préférence est « faire coucou », dans toutes ses variétés.

Les intentions commencent aussi à faire partie de son paysage psychique subjectif. Depuis quelques mois, Joey s'est mis à agir comme s'il était conscient d'avoir des intentions à l'esprit, comme s'il savait qu'il existe plus d'une manière de les révéler. Il sait aussi qu'une autre personne peut avoir une intention similaire ou complémentaire. Si sa mère tient un biscuit et qu'il en a envie, il sait communiquer son intention. Il tend le bras et dirige sa main ouverte vers le gâteau. Il regarde tour à tour le visage de sa mère puis le gâteau et vocalise en ouvrant et fermant la main. Si cela ne marche pas, il trouvera un autre moyen de révéler le contenu de son esprit jusqu'à ce que sa mère comprenne et aligne sa propre intention sur celle de l'enfant. Il peut tirer sur sa jupe, en donnant à sa voix une intonation montante, insistante, tout en fixant des yeux le biscuit. Ce qu'il veut ne fait aucun doute. Il veut qu'elle lise dans son esprit – elle se montre en l'occurrence particulièrement peu réceptive. Et, si besoin est, il est prêt à tenter par plusieurs autres moyens de révéler son paysage psychique. Le point important est qu'elle ne répondra convenablement que s'il obtient qu'elle s'occupe de lui.

Un paysage psychique peut aussi avoir trait aux sensations. Quand Joey voit pour la première fois quelque chose d'étrange et de nouveau – par exemple, un clown qui fond en larmes –, il se peut qu'il ressente un mélange de peur et d'attirance. En fait, un court instant, il ne semble pas savoir ce qu'il doit éprouver. A partir de neuf à douze mois, il regardera alors le visage de sa mère pour voir comment elle prend la chose. Faut-il redouter cela, ou s'en approcher avec une joyeuse curiosité ? Si sa mère montre un visage heureux et serein, Joey abordera la nouveauté en souriant. S'il y voit de l'appréhension, il reculera et s'affolera. Il évalue désormais l'état de sensation mentale de sa mère afin de réguler ce qu'il éprouve. De la même manière, un bébé qui est tombé sans se faire très mal et qui est simplement surpris commencera par lire l'expression de sa mère pour voir s'il doit pleurer ou sourire.

Le petit Joey a découvert, à un an, ce que les philosophes appellent la *théorie de l'intersubjectivité* : ses parents et lui ont des paysages psychiques différents, mais peuvent également en partager certains. Sa découverte constitue un changement énorme dans son développement. A compter de ce jour, et probablement tout le reste de sa vie, il interprétera les actions humaines, du moins en partie, en fonction des états psychiques qui sous-tendent ces actions. Il se concentrera sur ce qui concorde entre les paysages psychiques des autres et les siens. Supposons qu'une fillette de cet âge s'emballe pour un petit camion qu'elle aura découvert. Elle regardera sa mère pour voir si celle-ci partage son enthousiasme pour ce nouveau jouet merveilleux. Supposons que la mère, pour des raisons quelconques liées à la mentalité de l'époque, veuille qu'elle joue avec des « jouets de fille », pas avec des « jouets de garçon ». La fillette commencera à apprendre que sa mère ne partage son enthousiasme que pour certains types de jouets. En ce qui concerne les camions et les jouets du même genre, sa mère, étant une femme moderne, ne formulera jamais un refus exprimant une violente désapprobation. L'effet sera plus subtil. L'enfant sentira simplement que son enthousiasme n'est pas particulièrement désirable si la mère l'approuve du bout des lèvres, ou même que c'est un sentiment indésirable si la mère la réprimande ou ne réagit pas. Le partage ou le non-partage des états psychiques est un moyen puissant de façonner le comportement d'autrui. Le même genre de processus s'accomplit dans n'importe quelle relation. Maris et femmes sont en perpétuelles négociations, sinon en lutte ouverte, au sujet des paysages psychiques qu'il est possible de partager, et de ceux qui doivent rester la propriété de l'un ou de l'autre.

Cette concordance possible entre les paysages psychiques de différentes personnes implique un risque égal d'erreurs d'interprétation, voire d'échec à établir toute concordance. Par exemple, les bébés de deux ans sont remarquablement curieux et adorent explorer. Quand ils se trouvent sur les genoux de leur père ou de leur mère, il arrive qu'ils explorent vigoureusement du doigt la bouche, le nez, ou même les yeux de l'adulte. Le parent qui ressent cette exploration comme une violation physique ou un acte d'agression risque non seulement de réagir avec colère, mais d'attribuer une intention hostile au bébé. Il est probable que cette fausse impression sera suivie d'un reproche, d'une tape ou d'une quelconque marque de rejet envers le bébé, qui ne faisait que montrer un comportement tout naturel à cet âge. Il en résulte qu'il existera désormais entre le parent et l'enfant un lourd malentendu concernant les intentions.

LE MONDE DES PAYSAGES PSYCHIQUES

Souvent le bébé est à la fois troublé par l'absence de toute correspondance entre son propre état psychique et celui de ses parents, et perturbé, blessé ou effrayé d'être grondé ou rejeté. Il est probable qu'alors il répétera l'exploration – pour dissiper la confusion, obtenir cette fois-ci une réaction différente, et aussi pour retrouver l'adulte. Comme il y a à présent une franche détermination dans le geste du bébé (sans que cela soit pour autant sa motivation principale), le parent croit voir se confirmer son interprétation première (erronée) : il pense que le bébé agissait bel et bien avec agressivité.

Si cette situation se répète, la fausse interprétation de l'adulte risque de devenir l'interprétation officielle admise par le bébé, qui la conservera en grandissant. Il se peut que les actes d'exploration qu'il dirige vers ses parents se teintent d'une agressivité dont il était dépourvu à l'origine. Il se peut aussi que le bébé en vienne à se croire agressif, voire hostile. La réalité d'autrui est devenue sienne. Ainsi, l'échec de l'intersubjectivité peut introduire une distorsion à vie.

A cette même époque, Joey établit des distinctions plus prononcées entre les êtres. Les gens diffèrent par l'aspect et par le son ; plus important encore, ils lui donnent, à lui, la sensation d'être différent émotionnellement. Il y a le monde des étrangers qui le rend méfiant. Il y a un autre monde, de gens familiers. Et il y a, de plus en plus, le monde de la personne qui s'occupe principalement de lui – dans le cas de Joey, sa mère. On pourrait penser que c'est à la naissance ou juste après que sa mère a eu le plus d'importance pour lui, et c'est peut-être vrai si l'on considère qu'elle pourvoit à ses besoins physiques. Dans l'esprit de Joey, ces derniers mois, elle est devenue encore plus importante émotionnellement. Il a maintenant le sens de son propre besoin de sa présence. Son attachement pour elle, sans être nécessairement plus fort, lui devient plus évident. Ce passage relatif d'un besoin issu de la satisfaction physique (elle le nourrit) à un besoin de régulation émotionnelle (elle le rassure) est évident dans l'attachement de Joey pour sa mère. A présent, il pleure lorsqu'elle quitte la pièce. Il essaie de la faire revenir. En son absence, il est malheureux, pendant des périodes plus ou moins longues. Même lorsqu'elle n'est pas présente, elle fait partie en permanence de son paysage psychique subjectif. Et quand elle est là, il est désormais profondément attentif à sa disponibilité émotionnelle envers lui – c'est-à-dire à son état subjectif. L'attachement qu'il éprouve envers elle n'a pas vraiment changé. Il existe depuis la naissance et continuera à se développer. Mais c'est seulement maintenant que Joey est réellement capable d'expérimenter cet attachement et d'agir sur lui par des comportements et des stratégies qu'il vient de développer. Et, bien évidemment, si sa mère avait un emploi régulier, il développerait le même attachement non seulement envers elle mais envers la personne qui le garderait dans la journée.

Enfin, depuis le mois dernier, Joey marche. Cette merveilleuse faculté nouvelle contribue aussi à consolider les changements dans sa conception du monde. Cela lui donne plus de champ pour explorer ses intentions, ses désirs, ses buts et ses sensations. Le déplacement dans l'espace — qu'il connaît depuis qu'il sait ramper — sert également une autre fin : il lui permet de voir la même chose sous des angles différents. Par exemple, il peut voir un fauteuil de face. S'il avance à droite, il le voit de profil, ou d'en bas s'il rampe, puis d'en haut s'il se redresse et se met debout. Un changement physique de perspective est essentiel pour imaginer l'état d'esprit des autres et le comparer au sien. Etant capable de modifier son point de vue géographique en bougeant, Joey est mieux à même de modifier son point de vue psychologique en imaginant de manière empathique.

A douze mois, Joey est entré dans un monde nouveau où le centre de gravité est passé des événements physiques visibles du « ici et maintenant » aux événements subjectifs cachés, disséminés dans le passé, le présent et le futur immédiat. Dans les deux chapitres qui suivent, il fait l'expérience du monde des paysages psychiques et des complexités de l'attachement, au cours de deux événements différents qui ont lieu dans la même matinée : l'attente dans une gare puis, de retour à la maison, la découverte d'un jouet qu'il avait égaré.

1

Voyage
10 h 30

Joey est allé avec sa mère dans une grande salle d'attente à la gare. Au bout d'un moment il s'éloigne, rencontre une petite fille, se perd, s'affole, puis retrouve sa mère. Elle le prend dans ses bras et l'apaise.

❧

Nous sommes dans un espace vaste, étrange. Maman est la seule île familière à la ronde. Je la connais par cœur. Je veux voir ce qu'il y a autour de nous. Je fais des cercles autour d'elle, mais je reste en contact par le toucher, l'odorat, la mémoire, sans la regarder. Je suis ses contours pour avoir des vues différentes vers l'extérieur. Doucement, je suis entraîné loin d'elle. Mais je m'attarde sur ses rivages pour tracer une carte mentale dont elle est le point d'ancrage, au centre même. L'attraction extérieure s'accroît.

Je suis maintenant prêt à lâcher mon contact avec elle. Je m'élance dans les grands espaces. Au début, cela me coupe le souffle. Je flotte, me balance librement. Puis, je reprends mon souffle. Je lui lance un regard à travers le golfe, avant de me mettre en route. Lentement je m'éloigne. Mais je navigue en me repérant à la présence de Maman. Quand je me tourne pour la voir, de l'autre côté du golfe, c'est à son étoile que je m'oriente. Même lorsque je ne la regarde pas, elle envoie des lignes de force incurvées qui s'étendent dans l'espace. Ses rayons d'attraction me guident.

Maintenant je suis plus loin dans l'espace, je longe la côte. J'invente des boucles et des virages. J'équilibre les forces pour marquer des arrêts. Je commande et lance les mises en marche. Je vogue à ma guise, faisant mes propres mouvements. Puis ce sont eux qui m'emmènent. Mes mouvements et moi menons à tour de rôle. Mais, dans ma pérégrination, l'étoile visible et les lignes de force invisibles me maintiennent d'aplomb.

Je m'approche de gens et les dépasse. Comme ma mère, ils courbent l'espace, mais en sens inverse. Ils projettent des lignes de force invisibles qui me tiennent à distance et me les font contourner. Je glisse au-delà d'eux sans même m'en approcher.

Maintenant je vois quelque chose de différent. Un autre bébé — comme moi — a entrepris un voyage. Elle a la même vitalité que moi. Mais elle ne courbe pas du tout l'espace, il est libre. Je peux m'approcher, l'explorer et la toucher. Mais, soudain, quelqu'un la soulève et l'emporte.

Tout à coup, je suis perdu. Je ne trouve plus l'étoile de Maman, et ses lignes de force ont faibli. L'espace est devenu illimité. Rien ne me tient. Je me dissous tels des grains de sel dans l'océan de l'espace. Je panique.

Où est-elle ? Mon cri est lancé. Elle est quelque part, tout près, mais je ne peux la voir. Je sens vaguement sa force qui m'attire, mais je ne sais pas où. Où est-elle ? Je cherche à l'aveuglette à rattraper une de ses lignes de force. Mon cri a trouvé prise. J'entends et sens sa traction en réponse. Son appel vient comme un choc sur un bloc de glace translucide. Le coup laisse un lacis dont les lignes de faille et les plans restructurent l'espace. Ainsi, mon monde est transformé par sa voix. Grâce au tracé de cette nouvelle carte, je retrouve mon chemin jusqu'au point de choc, jusqu'à sa voix, jusqu'à elle.

De retour auprès d'elle, mon port d'attache, ma panique se dissipe sur la peau de ma poitrine et de mon cou. L'apaisement commence à la surface et s'écoule vers l'intérieur. Dans le sillage de cet apaisement, je me retrouve. L'attraction de sa présence à elle me permet de me ramasser sur moi-même, de sortir de l'espace. Je reprends forme à nos points de contact. Je me retrouve.

Je sens l'apaisement me pénétrer. Mais lentement je prends conscience, une fois encore, des espaces immenses qui nous entourent. Faiblement, je les entends m'inviter à nouveau.

☙

Un petit enfant se sent lié physiquement et psychologiquement à sa mère. Ce lien, qui est un des éléments les plus naturels et nécessaires de la vie sociale d'un enfant avec ses parents, devient nettement évident après que le bébé s'est mis à marcher. Joey, qui marche depuis un mois, peut à présent s'éloigner de sa mère – d'un pas certes un peu instable – et revenir auprès d'elle, debout ou à quatre pattes. La force qui le pousse à revenir vers sa mère et à rester près d'elle est ce qu'on appelle le *système de l'attachement*. Contrebalançant le système de l'attachement, la curiosité que le monde inspire à Joey l'incite à explorer l'environnement. C'est ce qu'on appelle le *système de l'exploration*.

Joey est pris entre les deux systèmes, qui rivalisent souvent entre eux. Quand il s'est trop éloigné de sa mère ou bien quand il se trouve dans un endroit inconnu, comme dans cette salle d'attente, le système de l'attachement devient actif et Joey reste plus près d'elle. Là, il commence à prendre de l'assurance et son système de l'attachement entre en sommeil. Alors il devient réceptif aux attraits du monde au-delà d'elle. Ceux-ci activent le système de l'exploration, et voici notre Joey parti dans son voyage de découverte. Ce voyage durera jusqu'à ce que, pour une raison ou une autre – comme le sentiment d'un trop grand éloignement –, son système de l'attachement soit à nouveau activé et l'emporte sur celui de l'exploration. A ce moment-là, il fera demi-tour.

Ces deux tendances en Joey sont absolument essentielles. Il a besoin que quelque chose l'attire vers le monde. Sans l'aiguillon de sa propre curiosité et de son désir de découvrir, il ne quitterait jamais les jupes de sa mère et n'apprendrait rien par lui-même du monde extérieur. Mais il a également besoin de la tendance opposée, d'une force d'attraction qui l'incite, après avoir cherché et exploré, à s'attacher aux pas de sa mère. Sans cela, il aurait une moins bonne protection face aux dangers extérieurs, aucun moyen d'être retrouvé s'il se perdait, aucun havre où se sentir en lieu sûr. Maintenant que nous connaissons tous ces éléments, nous pouvons reprendre le fil de l'histoire.

Joey se trouve dans un « espace vaste, étrange » où sa mère est « la seule île familière à la ronde ». La salle d'attente est un lieu totalement nouveau. Elle n'a pour lui aucun passé. Immédiatement, le système de l'attachement se met en marche. Sa mère et le lieu physique où elle se tient deviennent encore plus importants que d'habitude. Ne disposant d'aucune carte mentale, Joey prend ses repères dans cet endroit immense et inconnu.

Chez lui, Joey, qui a maintenant un an, connaît l'emplacement des choses, la disposition du salon, de la chambre à coucher et de la salle de bains. Il sait ce qui est censé se produire dans ces pièces. Son système de l'attachement est au repos dans ce cadre familier. Mais dans la salle d'attente, sa mère représente tout ce qu'il connaît. Pendant qu'il regarde autour de lui, il veille à rester physiquement en contact avec elle. Il se laisse glisser de ses genoux et gravite lentement autour d'elle, la tête toute proche de ses jambes. Puis, une main toujours posée sur elle, il tourne comme autour d'un poteau, décrivant des cercles autour de sa mère, regardant ce qui l'environne. « Je suis ses contours pour avoir des vues différentes vers l'extérieur. »

Par cet acte, il réalise deux objectifs. Il puise l'assurance nécessaire pour la quitter et élabore une carte émotionnelle de l'espace qui lui permettra de partir. Sur cette carte, sa mère occupe le centre géographique. Elle est l'unique point de référence, le « point d'ancrage » d'après lequel

Joey évalue la distance en fonction de son sentiment de sécurité ou de crainte.

Lorsqu'il a rôdé autour d'elle quelque temps, son système de l'attachement se trouve suffisamment diminué pour qu'il commence à se sentir plus fortement poussé par sa curiosité et sa soif de découverte. Ces sentiments prennent le dessus — juste assez pour qu'il s'éloigne de sa mère et fasse, à titre d'essai, un premier pas vers la salle d'attente. Ce premier pas doit produire sur lui une forte impression, même s'il en a accompli d'autres avant, dans d'autres lieux. Chaque première fois dans un nouvel endroit est dangereuse, mais excitante. Après tout, il a rompu le contact physique avec sa mère, or le contact est au fondement de l'attachement. Sa réaction initiale à cette rupture de contact, à ce pas solitaire dans « les grands espaces », est une sensation d'hébétude et de désorientation : le rythme de sa respiration change, son équilibre est chancelant ; il flotte, se « balançant librement ». Les jeunes enfants donnent souvent l'impression d'être momentanément secoués après avoir fait un pas. Joey se retourne pour regarder sa mère, retrouve son équilibre et peut ainsi continuer sa progression vers l'extérieur.

Tout en accomplissant son voyage dans la salle d'attente, il garde à l'esprit l'endroit où se trouve sa mère. Il tourne fréquemment la tête pour s'assurer qu'elle est toujours là. La voir lui permet de mesurer la distance matérielle entre lui, elle et la position qu'elle occupe dans l'espace. Tandis qu'il se déplace, il fait aussi l'expérience d'un changement dans sa distance émotionnelle. Rappelez-vous un instant votre enfance quand vous jouiez à chat perché, ce jeu où il y avait une « base de sécurité ». Vous vous écartiez de la « base » et vous faisiez un pas, deux pas, taquinant l'enfant qui « était chat » et le mettant au défi de vous attraper ou de vous toucher avant que vous ayez regagné votre perchoir. A chaque pas qui vous en éloignait, le danger et l'excitation montaient, la distance émotionnelle croissait. Dans la situation qui nous préoccupe, sa mère doit faire à Joey l'effet d'un gigantesque aimant : sa distance émotionnelle se mesure à l'attraction de cet aimant, et non en mètres ou en centimètres, ni en secondes nécessaires pour aller d'un endroit à un autre. Cette distance émotionnelle est déterminée par la présence de sa mère, cette étoile à laquelle il s'oriente, comme si l'espace était plus dense, plus concentré autour d'elle, et se raréfiait à mesure qu'il s'éloigne.

Tant qu'il se trouve à plusieurs mètres, mais toujours en présence et directement en vue de sa mère, Joey a suffisamment d'assurance pour se concentrer sur ses mouvements eux-mêmes. Après tout, sa récente conquête de la marche a gardé son côté captivant, c'est encore une activité requérant de la concentration et un effort conscient. Lui qui commande ces nouvelles émotions doit éprouver un sentiment intense de contrôler et de créer : « J'invente des boucles et des virages. J'équilibre les forces pour marquer des arrêts. Je commande et lance les mises en marche. » Mais ce processus demeure hasardeux et incertain. Joey est un capitaine inexpérimenté. La maîtrise de ses déplacements lui échappe parfois : « ... faisant mes propres mouvements. Puis ce sont eux qui m'emmènent... » Tandis que ses mouvements et lui « mènent à tour de rôle », il devient sa propre montagne russe.

Pendant que Joey se déplace dans la salle d'attente, décrivant approximativement des cercles autour de sa mère, à portée de vue d'elle, il rencontre des adultes qui lui sont étrangers. Depuis l'âge de huit mois, il a, face aux inconnus, des réactions négatives. A cette époque, en leur présence, en particulier quand l'un d'entre eux s'approchait de lui, il s'interrompait dans son occupation, observait cette personne d'un air vigilant, devenait méfiant et s'assurait que sa mère était bien à proximité et que tout était normal. N'importe quel étranger l'approchant d'un peu trop près le rendait craintif. A partir de cet âge, il a commencé à diviser le monde en deux camps bien tranchés, les étrangers et les membres de son entourage.

A douze mois, dans la salle d'attente, il manifeste une nouvelle version de sa *réaction* de peur *face à l'étranger*. Maintenant qu'il est capable de se déplacer, les étrangers et les personnes familières créent un genre différent d'espace émotionnel autour d'eux. Les intimes, comme sa mère, établissent un champ d'attraction psychologique local, « une courbe dans l'espace ». Les étrangers créent un champ psychologique de répulsion qui donne à Joey l'impression d'être tenu à distance, et lui permet de les esquiver, sans les toucher ni « même s'en approcher ».

Avec la petite fille, c'est une autre histoire. Elle ne lui est pas familière, pourtant ce n'est pas une étrangère. Depuis qu'il a environ trois mois, Joey sait faire la différence entre un bébé et un adulte, ou même un enfant plus âgé. On n'est pas sûr de la manière dont les nourrissons y parviennent, mais cette faculté semble reposer sur le fait que la tête et le corps d'un adulte ont des proportions différentes de ceux d'un enfant ; plus une personne est jeune, plus son front et sa tête sont volumineux, plus ses yeux sont grands, son menton et son nez petits, en comparaison avec la taille du corps. Les enfants s'entendent fort bien, sinon mieux que les adultes, à distinguer un bébé fille d'un bébé garçon. Il semble que les filles et les garçons, même très jeunes, aient en général des morphologies du visage légèrement différentes – même s'ils ont aussi, on l'accorde, beaucoup de points communs. Des expériences portant sur la discrimination visuelle suggèrent que les bébés sont sensibles à ces différences de groupe.

A partir de trois mois environ, les nourrissons montrent un intérêt particulièrement vif pour tous les enfants, comme s'ils reconnaissaient leur propre « espèce ». Ainsi, la petite fille que voit Joey possède « la même vitalité que lui ». Chez un bébé de huit mois, les enfants inconnus ne suscitent pas d'habitude la réaction que déclencherait un adulte. (On peut présumer que cette réaction a évolué afin de protéger les nourrissons des adultes étrangers susceptibles de leur nuire ; les autres enfants ne constituent pas la même menace.) Pour un bébé de douze mois, les enfants inconnus sont non seulement approchables (« elle ne courbe pas du tout l'espace, il est libre ») mais provoquent une curiosité particulière. Joey ne sent aucune contrainte en allant tout droit vers cette fillette et en la touchant, même au visage, avec une sorte de liberté primordiale née de la familiarité. C'est pourquoi la mère de la fillette l'emporte brusquement. Elle n'est pas sûre de ce que fera Joey.

Joey s'est éloigné, complètement absorbé par la petite fille. Quand il regarde autour de lui pour repérer sa mère, il ne la voit pas et ne sait où la chercher. De son point de vue, il est bel et bien « perdu ». S'il ne peut voir son étoile, il s'est perdu ; et s'il n'en ressent plus les lignes de force invisibles, il est « séparé ». L'impression d'être perdu, séparé, même momentanément, est l'expérience la plus angoissante qu'un enfant de un an puisse connaître. Ce sont de tels moments qui démontrent à quel point le bien-être fondamental et le fonctionnement habituellement harmonieux de l'enfant dépendent de la présence et du soutien de la personne qui donne les premiers soins. Elle est l'oxygène psychologique sans lequel, en quelques secondes, l'enfant panique. Et cette panique provoquée par la séparation vient très probablement, en partie, du sentiment de se fragmenter, de perdre ses limites, de disparaître dans un vide infini de solitude. C'est pour cela que Joey sent l'espace « de plus en plus grand ». « Il devient illimité. Rien ne me maintient. Je me dissous tels des grains de sel dans l'océan de l'espace. »

Ces sentiments forment aussi une part significative de la vie de l'adulte. Les personnes qui redoutent les espaces découverts (agoraphobie) et sont victimes d'attaques de panique souffriraient, selon de nombreux psychiatres, d'une réaction aiguë à la séparation d'avec l'adulte. Qui ne s'affolerait pas en se retrouvant obligé de nager en plein océan, hors de vue des côtes, derrière un bateau partant à la dérive ? Ce serait comme d'être seul dans l'espace sans y être spécialement préparé par un entraînement et une constitution physique exceptionnelle. Même dans la vie quotidienne, la menace d'être séparé du compagnon qui nous importe le plus – que ce soit le mari, la femme ou les parents – produit des effets similaires, quoique moins dramatiques. La réaction à la séparation est fondamentale en chacun de nous. Peut-être ne varie-t-elle guère de l'âge de douze mois à la mort. Certes, nous apprenons à l'éviter, à l'affronter et, sans doute plus couramment, à concevoir notre vie de manière à limiter la menace de séparations cruciales. Mais elle est toujours en nous.

Dans l'affolement d'être séparé de sa mère, Joey lance vers elle un appel, un cri jeté comme une ligne de sauvetage dans une tempête aveuglante. Il espère que son signal de détresse lui parviendra, où qu'elle se trouve. Ainsi, l'appel que sa mère lui lance en retour ressemble à « une traction en réponse ». Aussitôt qu'il entend sa voix, il peut s'affranchir de toute panique. Il définit les coordonnées dans l'espace en se fondant sur le « choc » de son appel, de « sa voix », de sa présence. Et une fois qu'il s'est réorienté, il retourne à elle.

La mère de Joey court vers lui comme il court vers elle. En fait, pendant tout ce temps, elle ne l'a pas quitté des yeux, et elle va vers lui dès qu'elle le voit prendre peur : c'est Joey qui l'avait perdue, non l'inverse. Elle le soulève et le tient contre sa poitrine. Il a niché sa tête dans le creux de son cou. Un bras passé autour d'elle, il pleure, de plus en plus doucement. La magie suprême de l'attachement passe par le contact. Et cette magie pénètre par tous ses pores. Pour tous les primates – singes, chimpanzés, humains –, la position ultime qui permet d'établir ou de maintenir l'attachement est le contact ventre à ventre (poitrine contre poitrine, la tête contre l'épaule et le cou de l'autre). Tel que Joey le ressent, « l'apaisement commence à la surface et s'écoule à l'intérieur ».

Le fait que sa mère le tienne contre elle fait plus que l'apaiser. « L'attraction de sa présence » l'aide à se reconstituer, à retrouver son intégrité après s'être senti « dissous ». Non seulement il est calmé, mais en fait, après cette dissolution, il retrouve son sentiment d'être un individu séparé. « Je reprends forme à nos points de contact. »

Lentement, le système de l'attachement, qui fonctionnait à plein, est désamorcé. A mesure que ses effets s'estompent, le système de l'exploration commence à s'affirmer de nouveau, et la curiosité à réapparaître. En dépit des périls de son grand voyage, Joey sera bientôt prêt à se mettre en route une fois encore.

2

Une sensation partagée
11 h 50

Maintenant, Joey et sa mère sont de nouveau chez eux. Ils cherchent le jouet préféré de Joey, un lapin empaillé qui est caché sous une couverture. L'enfant le trouve. Tout excité, il le brandit pour que sa mère le voie, et il la regarde, transporté de joie. En un lent crescendo, son visage s'ouvre. Ses yeux s'écarquillent et ses lèvres s'épanouissent en un large sourire, pour montrer à sa mère ce qu'il a découvert et, plus important encore, ce qu'il éprouve. Quand elle a vu son visage, il laisse lentement ses traits reprendre leur expression habituelle. Alors elle s'exclame : « Youpii ! » avec une intonation montante puis descendante. Joey semble satisfait de sa réponse et se met à jouer tout seul.

❧

Je l'ai trouvé ! Ici !
Une vague de ravissement s'élève et monte en moi. Elle s'enfle, forme une crête. Elle s'incline en avant, déferle et se brise en une écume mélodieuse. L'écume glisse et recule au

passage des vagues, puis disparaît dans les eaux plus calmes, en arrière.

Sent-elle la vague, elle aussi ?
Oui !
Elle rappelle l'écho de ma vague, l'écho qui s'élève et tombe. Je caracole sur son écho. Je sens mon ravissement présent en elle.
Il nous appartient désormais à tous les deux.

❧

Ce moment qui s'écoule entre Joey et sa mère semble simple, presque trop ordinaire et fugitif pour que rien d'important se produise. Néanmoins, il donne accès au monde des paysages psychiques mutuels, à l'intersubjectivité. Voici pourquoi.

Au cours des quelques mois passés, la mère de Joey a peu à peu eu l'intuition, sans en avoir conscience, que son fils avait découvert l'intersubjectivité. Ainsi que je le disais dans l'introduction de cette partie, il en est venu à se rendre compte qu'il est capable de sentiments ou d'intentions, et que les autres peuvent non seulement connaître, mais partager ses sentiments, ses intentions. Il s'est également aperçu que les autres peuvent ne pas avoir conscience de ce qui se passe en lui, ou bien avoir conscience qu'il s'y passe quelque chose, sans en comprendre la teneur.

A cet instant, Joey est ravi d'avoir trouvé le jouet caché. Ce ravissement est le sentiment intérieur qu'il sera peut-être à même de partager avec sa mère. Et c'est ce sentiment qui véritablement est au cœur de ce moment. Examinons-le avec attention. Il se manifeste simultanément en deux endroits, l'un visible, l'autre invisible. Les événements visibles apparaissent en une fraction de seconde sur le visage de Joey et dans ses yeux, qui s'ouvrent et se ferment en un mouvement harmonieux. Et l'enfant a soin de les montrer à sa mère, comme autant de signes.

Les événements invisibles sont les sensations intérieures de ravissement qui résident ailleurs que sur le visage, dans le corps et l'esprit – en un lieu que Joey ne sait identifier ni mieux ni plus mal que les adultes. Quelque part « à l'intérieur ». Or ce qui se passe « à l'intérieur », lorsqu'on éprouve un sentiment, constitue un événement vivant qui met du temps à se dérouler. Ce n'est ni statique comme une image ni abstrait comme une idée, mais fait de multiples impressions mouvantes qui s'altèrent constamment, telles la musique ou la danse. Par exemple, Joey commence par sentir son ravissement aller crescendo comme une vague qui s'enfle et forme une crête. Au point culminant, au faîte, cette sensation « s'incline en avant, déferle et se brise en une écume mélodieuse ». Puis, allant diminuendo, elle tombe et disparaît.

C'est à travers ce ballet, cette orchestration d'émotions intérieures que, quel que soit l'âge, on éprouve une sensation ; à cet égard, il est probable que le bébé et l'adulte ne diffèrent guère. Les sensations se déploient dans le temps. Elles décrivent un scénario. Elles surviennent, demeurent un bref instant puis s'en vont. Elles surgissent et disparaissent avec fulgurance, comme la surprise au bruit d'un choc violent, ou bien, comme la satisfaction, naissent et s'estompent graduellement. Leur intensité peut être un pic instantané – comme lorsqu'on voit un gag cinématographique – ou ressembler à un plateau – comme lorsque l'effet comique se prolonge pendant toute une scène. Leur présence peut s'exprimer entièrement sur un mode mineur ou majeur. L'expérience d'une sensation ne résulte pas seulement de la sensation elle-même, mais de la façon dont elle s'inscrit et se découpe dans le temps – comme la musique. Ainsi, le ravissement de Joey ressemble à un morceau exécuté sur une scène intérieure.

Or c'est seulement sur son visage que sa mère peut entrevoir le ballet intérieur de ses sensations subjectives. Le visage est l'organe le plus extraordinaire qui soit pour manifester les événements émotionnels. Ses douzaines de muscles différents expriment une multiplicité de sensations dans toutes leurs nuances. Cela vaut aussi bien pour Joey à douze mois que pour l'adulte. Le visage ressemble parfois à un écran d'ombres chinoises sur lequel se projette le drame intime de l'être humain. En fait, ce sont les mêmes « forces » qui dirigent simultanément le mouvement des muscles faciaux et la danse intérieure de la sensation subjective.

A mesure que l'enchantement de Joey croît en lui et forme une crête, ses yeux et sa bouche s'ouvrent de plus en plus, en synchronie avec la montée de la sensation. Sa respiration est elle aussi mobilisée dans ce courant. Tandis que cette sensation intérieure atteint son apogée puis s'efface, Joey expire. Son visage et ses yeux se referment, au sens où ils reprennent leur expression coutumière au repos, en synchronie avec le passage des sensations. Pendant le diminuendo et le relâchement, ses cordes vocales se tendent, resserrant l'échappée d'air et prolongeant ainsi la chute de l'expression du visage pour s'accorder à la vitesse de disparition de la sensation. En mettant une sorte de frein vocal au débit de l'air, Joey produit un son agréable, « l'écume mélodieuse » de la vague. L'ouverture et la fermeture, ou la montée et la chute des mimiques de Joey correspondent exactement, par la durée et par la forme, avec la naissance et la disparition de la sensation intérieure.

Joey a un sens vague de tout cela. Il a conscience que sa mère peut être capable de percevoir sa sensation, et que son propre visage offre le moyen de le lui faire « lire ». Et il a très envie d'être lu. Il expérimente probablement son désir de communiquer ses sensations comme une montée invisible, provenant de la sensation intérieure elle-même, qui est envoyée, à travers lui, et atteint sa mère.

Maintenant vient sans doute la partie la plus extraordinaire de ce moment. Sa mère a vu les traits de son visage se « soulever » de ravissement, avant de « tomber » en reprenant leur expression première. Elle en connaît elle aussi la raison : le fait qu'il ait trouvé le jouet et le lui ait montré. Comme toute mère, elle veut partager avec lui ce bonheur, lui faire savoir qu'elle comprend l'expérience qu'il vient de vivre, et ce qu'il ressent en ce moment. Que peut-elle faire pour y parvenir ?

Elle pourrait dire : « Oh ! Joey, je sais que ça t'a fait

plaisir. Moi aussi, je sais ce qu'on éprouve dans ce genre de situations. » Mais bien que Joey puisse comprendre certains de ces termes, il ne comprend pas encore cette formulation du concept. Alors, que pourrait-elle faire d'autre ? Peut-être l'imiter. Cela ne nécessite aucun langage. En agissant comme il l'a fait, elle pourrait tenter de lui montrer qu'elle comprend ce qu'il a ressenti. Mais cela ne marcherait pas non plus. Si la mère de Joey brandissait sa main vide, et ouvrait puis fermait son visage dans une imitation fidèle de l'expression joyeuse de son fils, cela aurait l'air ridicule. Plus précisément, comment Joey l'interpréterait-il ? Il penserait peut-être : « D'accord, tu sais de quoi on a l'air en faisant ce que j'ai fait – après tout, tu m'as imité fidèlement. Mais puis-je être sûr que tu sais vraiment quelle sensation j'éprouvais à être moi quand je l'ai fait ? Comment savoir si tu n'es pas un miroir ? Comment savoir si tu as vraiment un esprit, ou des sensations qui ressemblent aux miennes ? » Bref, les imitations fidèles ne feront pas l'affaire. Alors comment peut agir sa mère, devant ce dilemme ?

Elle s'écrie « Youpii ! » et, par l'intonation, reproduit la sensation intérieure de Joey, la vague qui s'élève et tombe. Elle reproduit également avec soin la durée et la courbe temporelle du crescendo et du diminuendo. La montée intonative de la première syllabe a exactement la même durée que le crescendo qui a animé le visage de Joey. De même, la descente intonative de la seconde syllabe dure seulement le temps qu'a mis son visage pour reprendre son expression habituelle. Evitant une simple imitation physique, elle crée intuitivement l'imitation complexe, déterminée avec soin, que l'on appelle un *accordage* *. Elle a repris chez Joey ce qui exprimait le mieux sa sensation intérieure – la forme de la montée suivie d'une descente, et leur durée – et a altéré ce qui était spécifique à son mode d'expression. Elle a substitué un changement d'intonation à un changement de physionomie, une expression vocale à une expression physique. Elle a réussi à parler à la sensation intérieure de Joey en éludant son comportement visible, et ne peut donc être confondue avec un miroir. Seul un être humain sachant ce que Joey a ressenti pouvait concevoir un « Youpii ! » qui soit une analogie et non une copie de son expérience. Il comprend que son message est passé, et répond : « Oui ! » Ce genre d'adaptation, de synchronisation s'opère inconsciemment, et constitue une manifestation particulière d'empathie. Nous le faisons presque tous intuitivement. L'enfant dont le parent, pour une raison quelconque, en est incapable ou éprouve une inhibition à le faire, se sentira psychiquement plus seul avec lui, et peut-être dans le monde.

Joey laisse ce « Youpii ! » tracer son chemin en lui (« Je caracole sur son écho ») pour voir s'il correspond à la sensation intérieure qu'il vient de connaître, et discerne que sa mère partage cette sensation. Il sait que la réponse vocale qu'elle lui a faite correspond à cette sensation car, ainsi que je l'ai exposé dans la première partie au chapitre 2,

---

* En anglais, *attunement*.

il sait opérer la transition d'un mode sensoriel à un autre. Il sait qu'une vague montante et descendante dans l'intonation vocale est la même chose qu'une vague montante et descendante sur une physionomie, ou dans une tonalité sensorielle ressentie quelque part, à l'intérieur de lui-même. Il reconnaît ainsi l'authenticité de la réponse de sa mère.

Pendant cet instant capital, Joey et sa mère ont partagé une sensation. Pour si simple que cela puisse sembler à un adulte — ce qui n'est pas toujours le cas —, cela représente un grand pas pour Joey. Quand il perçoit une sensation en lui-même, comment saura-t-il qu'il n'est pas le seul être au monde à avoir jamais connu cela, ou même quelque chose d'approchant ?

Et, d'entre toutes ses sensations, comment saura-t-il lesquelles peuvent être partagées et lesquelles doivent rester privées, même secrètes ? Lesquelles seront rendues valides par autrui, puis un jour nommées et abordées dans une discussion ? Ces événements sont d'une portée considérable. Le partage est à la base des aspects ultérieurs de l'intimité psychique. Jusqu'où les mondes intérieurs peuvent-ils, doivent-ils, être révélés et partagés ? C'est le degré d'intimité psychique dans lequel, en définitive, Joey se sentira à l'aise qui s'établit progressivement.

Joey et sa mère sont en passe de fixer les limites de partage de l'univers des sentiments. Ensemble, ils viennent d'établir qu'une explosion de joie est un événement intérieur qu'ils peuvent partager : « Cela nous appartient désormais à tous les deux. » Mais qu'en est-il de la

UNE SENSATION PARTAGÉE

tristesse, de la colère, de l'orgueil, de l'enthousiasme, de la peur, du doute, de la honte, de la joie, de l'amour, du désir, de la souffrance et de l'ennui ? L'expérience de ces sensations et d'autres états subjectifs est encore à venir dans la vie de Joey. Sa mère saura-t-elle parfaitement les partager, ou sera-t-elle incapable, consciemment ou inconsciemment, de laisser ces sensations trouver une place à part entière dans l'univers que Joey s'attendra plus tard à partager avec les autres ?

A mesure que son père et sa mère lui donnent à savoir quels paysages psychiques sont susceptibles ou non d'être partagés, ils le façonnent de l'intérieur, pour qu'il devienne le fils dont ils ont rêvé. Mais si les parents ne sont pas unis par un même désir dans les grandes espérances qu'ils fondent sur leur enfant, il est improbable que celui-ci devienne le produit de deux rêves incompatibles. Il risque de passer sa vie à tenter de résoudre ces contradictions en lui-même, ou de se sentir contraint par la tension qu'elles lui imposent à rejeter certains aspects de l'un de ses parents – et ainsi, de lui-même.

IV

LE MONDE DES MOTS. JOEY À VINGT MOIS

Vers l'âge de dix-huit mois, Joey commence à accomplir un autre saut majeur dans le cours de sa maturation, un saut qui transforme profondément son expérience quotidienne et qui le fait entrer dans le monde des mots, des symboles et de la réflexion sur soi. Joey n'a pas encore achevé ce saut. Chez certains enfants, cela débute plus tôt ; chez d'autres, plus tard. La norme recouvre une large période. On ne sait pas vraiment pourquoi ce saut a lieu exactement à tel moment plutôt qu'à un autre. La capacité de langage et de symbolisation, inscrite dans les gènes humains, reste dormante jusqu'à cet âge. L'enfant qui a eu une expérience raisonnable de la vie va soudain faire de grands progrès dans la compréhension du langage et, un peu plus tard, commencera à le produire. Comme l'éclosion d'une fleur – une fleur qui aurait ceci de particulier qu'elle se trouve uniquement en l'être humain –, le langage s'épanouit du jour au lendemain, le moment venu.

Toutefois, ce n'est pas seulement le langage qui entre

soudain en pleine floraison. Tout un jardin de facultés se met à poindre à cette saison de la vie. Bien que les mêmes conditions leur soient à toutes nécessaires, l'arrivée du langage marque traditionnellement le passage de la petite enfance à l'enfance proprement dite – dorénavant, en parlant de Joey, je n'emploierai plus que le terme « enfant ». Toutes les facultés qui apparaissent à cet âge sont apparentées. L'enfant commence maintenant à se représenter les événements (passés, présents ou futurs) sur la scène de son esprit. Il peut se familiariser avec certains d'entre eux, les reproduire ou les imaginer sur cette seule scène mentale, qu'il les concrétise ou pas dans la réalité. Et il commence à présent à employer des symboles et des signes pour se référer aux choses et aux gens. Il peut également se référer à lui-même.

A partir de maintenant, il arrive que Joey observe quelqu'un en train de faire une chose que lui n'a jamais faite auparavant, comme de composer un numéro au téléphone ou de verser du lait dans une tasse, et que, plus tard ce même jour ou plusieurs jours après, pour la première fois de sa vie, il imite l'acte de composer un numéro sur le cadran d'un téléphone ou de verser un liquide. Pour ce faire, il doit avoir formé et conservé dans son esprit un modèle de cette activité. Et il doit utiliser ce modèle mental pour s'apprendre à lui-même la manière de composer un numéro ou de verser. Ainsi, il retient puis reproduit les événements sur une scène mentale. C'est ce que l'on appelle l'*imitation différée*.

En formant de nouvelles combinaisons à partir d'événements symboliques, Joey peut aussi créer à son gré un scénario mental d'événements qui n'ont jamais eu lieu, ou qui, peut-être, n'auront jamais lieu, comme de s'envoler, tout seul, dans son petit avion miniature pour aller chez son grand-père. Par le biais de l'imagination, il peut maintenant réaliser symboliquement ses désirs ; il n'est plus lié à la réalité.

Le nouveau comportement de Joey devant un miroir offre un bon exemple de sa faculté toute récente de se voir de l'extérieur. Après le dix-huitième mois environ, si quelqu'un met discrètement une tache rouge sur le front de Joey, à son insu, puis le place devant un miroir afin qu'il puisse se voir, l'enfant pointe immédiatement et sans hésiter le doigt vers la tache rouge de son propre front. Avant dix-huit mois, il aurait montré le front de son reflet, dans le miroir. En ce temps-là, il n'aurait pas encore compris que l'image du miroir le représentait ou se rapportait à lui, le vrai lui. Il a désormais acquis cette compréhension.

Et, pour finir, le langage – la fleur qui entre toutes retient le plus le regard – est apparu. Joey se sert à présent des mots comme de symboles pour se référer à des personnes, des actions et des objets (« Maman aller lit »). Comme le montre son emploi des pronoms (« moi, mon, à moi ») et de son propre nom, « Joey », il a également compris qu'il lui est possible de se référer à lui-même.

Le langage lui ouvre et lui révèle de nouveaux mondes. S'apercevoir que l'on peut décoder, utiliser les mots doit ressembler à ce que l'on éprouve au moment où l'on se rend compte qu'on sait faire du vélo, nager, conduire, marcher — peut-être avec l'intensité de toutes ces sensations réunies. Mais ce sentiment ne dure pas un unique moment. Pour Joey, cet « instant » doit s'étirer sur des mois, avec une force constamment renouvelée. Des perspectives illimitées doivent s'ouvrir à lui, qui est maintenant capable de se rendre dans des lieux encore jamais imaginés, plus loin en arrière dans le passé, ou loin devant, dans l'avenir — dans des lieux où l'on ne peut se rendre sans l'échelle, le tremplin, que sont les mots enchaînés. De plus, la conversation et le dialogue lui permettent de se rendre dans presque tous ces nouveaux endroits en compagnie d'une autre personne. Ce voyage au cœur du voyage est pour lui une manière neuve, chargée d'implications, d'être avec quelqu'un d'autre. Le langage, tout en lui donnant certainement un nouveau mode d'indépendance et de liberté, lui procure aussi le moyen le plus fort qui soit de se joindre aux autres et à toute la culture humaine.

En outre, le langage change radicalement le monde de Joey en le restructurant. Il divise l'expérience non verbale en catégories différentes, plus contrastées. Il trace clairement la ligne temporelle qui sépare les événements en passé, présent, futur. Il permet d'élargir le réseau d'associations. Il transcende plus aisément la réalité. Il se tient en dehors de l'expérience vécue qu'il reflète, telle une chose distincte, susceptible d'être vue et revue. Je tente au chapitre 1 de montrer l'émotion frémissante que suscite ce côté lumineux de l'apprentissage du langage.

Mais il y a aussi un côté sombre. Le langage présente d'énormes désavantages, surtout comparé au système non verbal qui fonctionne déjà si bien chez Joey. Les mots se prêtent mal à décrire les expériences dans leur globalité. Le langage est idéal pour établir des distinctions catégorielles nettes entre les choses (grand/petit), mais est malhabile à noter les gradations entre catégories. Les gestes aident à indiquer ces gradations : pour dire, par exemple, que quelque chose est « grand comme ça », on écarte les mains de la distance approximative qu'on veut indiquer. Le langage est lent, l'action – l'expression et le geste – est rapide. Il arrive que le langage détache la pensée de l'émotion. Il fragmente des expériences globales complexes et denses en éléments qui se trouvent relativement appauvris. Et, ce qui importe plus que tout, certaines expériences non verbales – comme de regarder dans les yeux quelqu'un qui vous regarde en retour – ne pourront tout bonnement jamais être rendues par des mots : au mieux, les mots les suggéreront. Ainsi, en entrant dans la vie de Joey, le langage creuse un large fossé entre son monde familier d'expérience non verbal, et le nouveau monde des mots. Ce schisme est troublant et, parfois, douloureux. Pour la première fois de sa jeune existence, il doit se raccrocher à deux versions différentes d'un même événement. Désormais et à jamais, la vie sera vécue plus en parallèle. La complétude, la simplicité de l'expérience ont été brisées. La manière dont l'enfant ressent cet aspect plus solitaire de l'avènement du langage est illustrée au chapitre 2, qui se situe le même matin que le chapitre 1. A partir de maintenant, pour Joey, les constructions verbales et non verbales de l'expérience coexisteront en permanence.

1

« Petite pomme »
7 h 5

Joey s'éveille et sort de son lit. Il reste debout à regarder autour de lui quelque temps, comme s'il réfléchissait. Puis il va bien vite dans la chambre de ses parents et grimpe dans leur lit. Il se glisse sous les couvertures et se creuse une place entre eux. Ils sont pratiquement réveillés, à présent. Au bout d'un moment, son père lui dit : « C'est toi, ma petite pomme ? » Joey répond de sous les couvertures : « Pipomm. » Son père rectifie doucement : « Oui, petite pomme. » Joey essaie encore : « Petite pomme. » Son père éclate de rire : « C'est ça, tu es ma petite pomme. »

Joey reste coi pendant quelques instants. Puis il surgit de sous les couvertures pour annoncer haut et clair : « Moi, petite pomme ! »

❦

C'est tellement immobile ici ! Je suis tout seul. Je veux aller là où sont Papa et Maman. Sinon, je resterai seul et immobile. Alors je vais dans leur chambre, et je me mets entre eux, dans cette vallée. Là, je m'enveloppe dans la chaleur qui monte et tombe. Je m'immerge dans les bassins d'odeurs tièdes, dans les sons d'air qui entrent en eux et sortent d'eux tandis que la vallée se comble et se vide. Je baigne dans les marées luxuriantes de notre monde du matin.

Alors Papa envoie dans mon monde un son familier, pour moi tout seul. Sa musique fait resurgir le chaud contact de Papa. Pour la première fois, je remarque que le son a une forme particulière, une forme qui se détache de sa musique. Elle est claire et douce, et s'attarde après que la musique est partie. Elle possède une force, une vie propres. Elle se cachait dans le flot de la musique mais elle s'est révélée. Je peux jouer avec cette forme toute neuve. Elle a une courbe et de petites explosions. Je joue et puis je l'envoie à Papa. Il me la renvoie, claire et nette. Oh ! J'ai compris ! Je la renvoie. Il rit et me la renvoie encore, et cette fois elle vole, libre et pleine.

Cette nouvelle forme m'entraîne en moi-même. Là, elle se transforme en sens, en même temps que le sens émerge de l'intérieur de moi. Elle grandit et se déploie. Je la laisse déborder et m'entourer. Je la presse fort contre mes sensations.

Maintenant je suis prêt. Je m'élève, drapé dans ma forme nouvelle. Ce manteau clair et doux me change. Je me jette hors de la vallée et me proclame : « Moi, petite pomme ! »

☙

La solitude qu'éprouve Joey à son réveil est différente de la vive anxiété que lui causait la séparation, l'année dernière (voir le chapitre 1 de la troisième partie). Ce matin, il a l'impression d'être isolé, coupé de tout contact humain. Il a envie d'être entouré de chaleur humaine et sait que cette activité, cette vie existent quelque part. C'est l'aspect inanimé, non humain de sa chambre qui le perturbe le plus : « C'est tellement immobile ici ! » De plus, il comprend maintenant assez bien le principe du futur immédiat et du passé, et fait des prédictions : « Sinon, je resterai seul et immobile. Alors je vais dans leur chambre. » Il saisit les concepts, mais pas encore le sens que recouvrent *si*, *alors* et *parce que*.

Sachant exactement où trouver la vie humaine sous une forme concentrée, il grimpe dans le lit de ses parents. Dans la « vallée » qui les sépare, il « s'enveloppe », « s'immerge », « se baigne » dans les odeurs, la chaleur, les mouvements et le son du monde matinal de ses parents, dans toutes les sensations et les impressions non verbales qui en émanent.

Là, dans cette vallée, Joey fait une rencontre importante avec le langage. En découvrant qu'un mot ou qu'une expression représentent autre chose, il conquiert la clef du langage. C'est d'habitude vers l'âge de dix-huit mois, mais parfois plus tard, que le bébé accède à cette clef. Joey l'a déjà trouvée avec d'autres mots, tels que *chien*, *chat*, et *baba* (grand-mère). Connaissant le mot qui représente et renvoie à ces animaux et à ces personnes, Joey se sert de la même clef pour décoder des mots nouveaux. Chaque décodage accompli pour la première fois – aujourd'hui, il s'agit de *petite pomme* – est une découverte saisissante. Au cours de ce processus, l'enfant gagne chaque fois un peu plus de terrain par rapport au flux du non-verbal.

C'est dans ce flux que le père de Joey lance une bribe de langage : « Ma petite pomme. » Jusqu'à présent, pour l'essentiel, Joey n'entendait que la musique du langage. Il entendait purement le son des mots, ressentait l'émotion que leurs sonorités faisaient naître en lui, mais il n'entendait guère le langage dans son sens strict. En d'autres termes, les fragments de langage se dissolvaient et se fondaient dans le flux du non-verbal. Ainsi, quand le père de Joey lui donnait un petit nom affectueux, le son familier (« sa musique ») faisait resurgir « le chaud contact de Papa ».

Mais, en ce matin particulier, les mots de son père ne se dissolvent pas en musique et en sensation. Quelque chose « se détache », que Joey reconnaît. Ce quelque chose − le sens spécifique du mot et de la personne à laquelle il renvoie − est ce que Joey appelle la « forme », qui émerge de la musique.

Une fois qu'il s'est aperçu que « petite pomme » se détache comme une sorte d'objet-son, il peut commencer à l'explorer, à jouer avec : il peut lui trouver ou lui attribuer un sens. Il doit maîtriser le son, l'entretenir, au lieu de le laisser passer sur lui comme une musique. En s'y efforçant, il s'aperçoit que « le son a une courbe et des petites explosions ». Le *omm* est un son arrondi, une « courbe », le *p* est une consonne qui explose *. La tâche

---

* Elle porte le nom d'« occlusive bilabiale ».

de Joey consiste à bien les assembler. Pour ce faire, son père et lui ont recours à un procédé qu'ils connaissent de longue date : ils se lancent et se renvoient le mot, le perfectionnant à chaque fois. Joey et ses parents utilisent les règles de ce jeu d'échange depuis de nombreux mois. Ils s'adressaient des « Areu » tour à tour, quand il n'avait que trois mois. Ils se passaient une balle en la faisant rouler entre eux lorsqu'il avait sept mois. Les règles élémentaires de la conversation, reposant sur un échange à tour de rôle, étaient établies depuis longtemps quand Joey et ses parents commencèrent à les appliquer au langage. Ainsi, une fois encore, Joey et son père suivent ces règles éprouvées et s'envoient mutuellement l'expression « petite pomme », mettant immédiatement à profit cet excellent mode d'enseignement et d'apprentissage.

La première fois que Joey s'essaie à ce jeu, il laisse de côté les *t* et dit « Pipomm ». Son père agit alors, intuitivement, comme la plupart des parents dans cette situation : il articule lentement et distinctement les parties non assimilées : « Pe*ti*te Pomme », sans accentuer la partie connue, « Pipomm ». Ainsi, pour Joey, la réponse de son père est « claire et nette ». Par le biais de cette méthode d'enseignement, il progresse rapidement. Quand son père lui dit : « C'est ça, tu es ma petite pomme », de sa voix normale, Joey a l'impression qu'il lui renvoie le mot « libre et plein ».

Maintenant qu'il a prise sur ce mot, il doit le travailler et le laisser agir sur lui. La surprise qu'a produite en lui cette révélation sert ce double but en retenant son attention et en l'incitant à se concentrer sur le mot : « Cette nouvelle forme m'entraîne à l'intérieur de moi-même. » Ce qui se passe alors est véritablement étonnant. Quand un mot est décodé, que son sens est dégagé pour la première fois, ce sens vient à Joey de l'extérieur, par l'entremise d'un autre que lui ; au même instant, par ses seules ressources, il découvre ce sens et le crée. C'est son père qui, le premier, lui a offert l'expression *petite pomme*. C'est son cadeau. Cependant, Joey possède déjà dans son expérience de lui-même (dans le cadre du lien affectif qui l'unit à son père) quelque chose qu'il peut associer au mot. C'est Joey qui découvre et crée la relation entre le nouveau mot et son expérience passée : « Elle grandit et se déploie. Je la laisse déborder et m'entourer. Je la presse tout contre mes sensations. » Le mot est en même temps un don et une acquisition, une découverte et une création qui émergent dans l'esprit : « Là, la forme se transforme en sens, en même temps que le sens émerge de l'intérieur de moi. »

Une fois que Joey a travaillé sur ce mot et l'a laissé agir sur lui-même, il l'a fait sien. Il peut maintenant l'utiliser pour se référer à un nouvel aspect de lui-même dans le contexte particulier de sa relation avec son père : « Je me jette hors de la vallée et me proclame : "Moi, petite pomme !" »

Un dernier mystère. Joey n'a jamais entendu l'expression « Moi, petite pomme » par le passé. Sans doute personne ne l'a-t-il prononcée auparavant. Son père a seulement dit : « Petite pomme », « ma petite pomme ». Pas une seule fois il n'a dit : « Moi, petite pomme », ce qui aurait d'ailleurs été assez curieux. Ainsi, Joey n'imite personne. A lui tout seul, il a créé un sens, en rapprochant la notion qu'il a de lui-même (« moi »), une suite de sons formant des mots (p.e.t.i.t.e.p.o.m.m.e.) et une expérience particulière – une façon d'être aimé et considéré par son père –, pour aboutir à ce « Moi, petite pomme ».

Ce très petit échantillon de la tâche colossale que représente la restructuration de l'expérience par le passage du non-verbal au linguistique a paru plaisant à Joey. Mais le processus de restructuration peut se heurter à des obstacles, comme nous allons le voir au chapitre suivant.

2

Des mondes en collision
7 h 21

Plus tard dans la matinée, quand tout le monde est levé, Joey se trouve dans sa chambre et attend d'être habillé. Sa mère reviendra dans une minute. Il voit un rayon de soleil sur le mur et sur le plancher. Il se rapproche d'une tache de lumière sur le sol de bois sombre. Absorbé, il se met à quatre pattes. Il regarde la tache. Il la touche de la main. Il abaisse son visage et la touche des lèvres.

A cet instant, sa mère revient et le voit. Elle est à la fois surprise et un peu dégoûtée. Elle crie : « Ne fais pas ça ! Joey, qu'est-ce que tu fais ? » Joey s'arrête brusquement. Il fixe la tache projetée par le soleil, puis lève les yeux vers sa mère. Elle le rejoint, se penche, l'enlace d'un bras et dit d'un ton rassurant, avec un sourire : « Ce n'est rien qu'un rayon de soleil, mon chéri. C'est seulement fait pour être regardé. Ce n'est que de la lumière par terre. Tu ne peux pas manger ce rayon de soleil. C'est sale. »

Joey la regarde longuement puis, de nouveau, porte son regard vers la tache dessinée par le soleil sur le plancher. Il se dégage de l'étreinte de sa mère et sort de la chambre.

❦

L'embrasement du matin est revenu, avec sa danse lente au mur. Et sur le sol il y a une flaque, brillante, belle et profonde. C'est comme un long escalier qui descend. C'est chaud, comme une couverture. Cela vibre comme la musique, cela rayonne comme le miel. Et cela a le goût de...

La voix de Maman claque comme une gifle. Elle fige tout à coup mon espace brillant. Elle glace la chaleur, coupe la musique, éteint l'embrasement. Pourquoi ?

Je sonde son visage. Je le vois se pincer tout autour du nez. Il vire rapidement à la colère. Puis les deux expressions s'évanouissent, et l'affection se précipite. Je suis encore saisi. Elle me tient et prononce des mots doux et rythmés. Pourtant chacune de ces paroles est un coup assourdi qui brise le moment de rêve.

« Rien qu'un rayon de soleil » — mais c'était ma flaque, une flaque pas comme les autres !

« C'est seulement fait pour être regardé » — je l'ai entendue. Je l'ai touchée, aussi !

« Que de la lumière par terre » — Comment ça ?

« C'est sale » — J'étais dedans.

Quand elle s'arrête, il ne reste plus que des débris sans vie. Ce monde s'est évanoui. Je me sens nu et triste. Je suis tout seul.

❦

DES MONDES EN COLLISION

Le langage peut créer des mondes nouveaux, comme celui du « moi, petite pomme » du chapitre précédent. Il est aussi capable d'en détruire, comme il le fait ici.

Alors que commence ce moment, Joey voit son vieil ami le rayon de soleil, qui l'attire dans le monde global et non verbal de l'expérience, dans la rencontre de différents modes que j'ai précédemment décrite. C'est ce monde non verbal qui risque d'être détruit lors d'une collision avec le monde du langage.

Quand Joey a rencontré la tache de lumière, à six semaines (voir en première partie, le chapitre 1), tout se passait au présent. Nous, les adultes, ne vivons pas aussi longuement dans un instant totalement présent. Le souvenir d'expériences anciennes est si fertile, si facile à évoquer, qu'inévitablement le passé s'imbrique dans le présent, l'enrichit et nous permet de l'interpréter. Il arrive également que l'avenir anticipé se mêle au présent sous forme de rêverie. Par conséquent, notre expérience subjective du présent n'est pas sans mélange : c'est une étoffe multicolore dont les fils de trame sont à la fois le passé et nos attentes futures, et dont les fils de chaîne sont l'univers du ici et maintenant.

Joey, qui a presque deux ans, ne vit plus, comme à six semaines, dans un simple moment présent. Maintenant, son présent est riche d'expériences passées. Ce qui a changé est l'envergure et la puissance de sa mémoire d'évocation, facilement déclenchée par un simple indice. (Désormais, quand il va chez le pédiatre pour se faire vacciner, il lui suffit de voir une blouse blanche ou de sentir l'odeur du cabinet médical pour se mettre à pleurer.) Ainsi, Joey possède toutes les aptitudes et les facultés requises pour ressentir un présent subjectif, qui, de même que celui de l'adulte, est un patchwork de lieux et de moments. Mais ressent-il le présent de cette façon ?

Je soupçonne qu'en ce moment de solitude où il contemple une tache de lumière dans une sorte de rêverie, son expérience subjective est plus proche de la nôtre que de ce qu'elle était lorsqu'il avait six semaines. Son expérience présente est maintenant, en large part, créée et colorée par le souvenir de ses expériences passées.

Pour Joey, « l'embrasement du matin » évoque son vieil ami fidèle, le carré de soleil, et sa « danse lente » sur le mur. Cependant, il est surtout fasciné par les rayons qui tombent sur le plancher, formant une « flaque ». Cette flaque « brillante, belle et profonde » exerce son charme sur lui, ici et maintenant ; elle réveille aussi d'autres souvenirs non verbaux qui font surface pour se joindre à l'expérience présente et contribuer à lui donner forme. La « flaque » évoque de grandes profondeurs qu'il doit avoir connues ailleurs — « C'est comme un long escalier qui descend. » Elle rappelle la chaleur d'une « couverture », qu'il a dû sentir souvent autrefois. Son miroitement déclenche le souvenir de vibrations musicales, qui ne font pas partie de la scène présente. Son éclat lui rappelle la blondeur du miel qu'il voit, dans un pot, chaque matin. Le système de mémoire de Joey est en pleine action. Des associations sont provoquées, des traces de souvenirs activées — sans, bien sûr, qu'il en soit conscient. Mais ces activations n'en structurent pas moins son expérience présente.

Pour tisser cette tapisserie subjective, Joey doit être capable d'associer une expérience à une autre, à travers l'espace et le temps. Jusqu'à une époque récente, on pensait que, faute de disposer du langage ou de symboles développés, le petit enfant était incapable non seulement de se représenter les événements, mais aussi d'associer ces représentations. Il semble à présent qu'il soit possible de se remémorer et de se représenter les expériences non verbales, ou même globales, sans les transposer par des mots. Il est également possible d'établir entre ces représentations non verbales des associations afin de former des réseaux complexes. Cela, Joey sait désormais le faire.

Un événement non verbal, même vécu globalement comme unique, se compose de différents aspects : l'odeur, l'apparence, les sensations tactiles qu'il évoque, etc. Le parfum d'une expérience peut rappeler celui d'une expérience précédente et faire ainsi resurgir le passé. Les symboles ou les mots ne sont pas nécessaires à l'élaboration de ce genre de réseau d'associations, bien qu'en définitive ils lui donnent de la clarté et rendent ses divers apports identifiables. Chez l'adulte, ces tapisseries ont des motifs plus nets ; on peut les défaire et démêler les fils originaux. Avec celles de Joey, c'est impossible, parce qu'elles n'ont jamais été verbalisées.

Donc, pendant que Joey contemple la tache de soleil sur le sol, mêlant passé et présent, sa mère entre et le trouve les lèvres posées contre le plancher. Scandalisée, elle veut qu'il cesse. Son cri : « Ne fais pas ça ! » est un coup de tonnerre qui fracasse sa rêverie, la vide de tout éclat. Tout s'arrête. Le monde brillant se fige. Joey ignore pourquoi et cherche une explication sur le visage de sa mère. Là, il lit d'abord le dégoût et la colère. Dans des circonstances inattendues, il arrive qu'une suite d'émotions défile sur un visage en une fraction de seconde. Le dégoût initial de la mère qui voit son fils la bouche contre le sol cède place à la colère qu'il n'ait pas plus de jugeote. Puis sa colère fond à mesure qu'elle s'aperçoit qu'il ne peut comprendre, et qu'en réalité cette situation est attendrissante et cocasse. L'affection et la compassion emplissent maintenant son visage. Comme n'importe quel enfant, Joey suit intégralement cette progression de sentiments, mais aucune n'a de sens pour lui dans le contexte de son expérience immédiate.

Vient alors la partie la plus douloureuse de ce moment. La mère de Joey, remise de sa surprise, tente de le réconforter. Elle s'y efforce par le biais du langage. Et que se passe-t-il ? Sans en avoir la moindre intention, progressivement, presque systématiquement, elle brise encore un peu plus le monde global non verbal de Joey. La rêverie de l'enfant combine des qualités qui relèvent de nombreux modes différents − intensité, chaleur, vibration, éclat ; ce qui en constitue l'essence, c'est qu'elle ne s'impose pas expressément à sa conscience en tant qu'expérience visuelle. Or, c'est de cela, précisément, que sa mère l'oblige à prendre conscience. Les paroles qu'elle emploie (« C'est seulement fait pour être *regardé*..., rien que de la *lumière* ») isolent des autres les propriétés qui ancrent l'expérience de Joey à l'unique modalité de la vision. Ce faisant, elles coupent le mode visuel du flux global (sentir-entendre-toucher-voir) dans lequel il était originellement imbriqué, et fracturent l'intégrité de l'expérience globale de Joey. « Mais c'était ma flaque ! Je l'ai entendue. Je l'ai touchée, aussi. »

Les mots qu'elle prononce ensuite (« Ce n'est que de la lumière par terre. Tu ne peux pas manger ce rayon de soleil ») ont un impact différent sur son monde. Elle explique et analyse la situation. Les mots, bien employés, s'y prêtent de manière incomparable. Pour expliquer et analyser une expérience, il faut prendre du recul. Joey était en plein dans l'expérience, il ne se bornait pas à la regarder, il la vivait. Les paroles de sa mère imposent une distance entre lui et cette expérience. En affirmant ensuite que le rayon de soleil est « sale », elle ternit encore plus sa somptueuse rêverie et réduit l'acte unique qui l'accompagnait à une « mauvaise » catégorie d'actes. C'est devenu un interdit. Ainsi, chaque phrase qui s'ajoute met un peu plus en pièces le monde de Joey. Pour finir, les débris gisent, « sans vie », autour de lui.

Ce genre de chose doit survenir tous les jours, à plus d'une reprise, pendant cette phase de la vie où Joey apprend rapidement le langage. Dans ces collisions entre deux mondes, il est parfois capable de sauter partiellement du non-verbal au verbal, comme l'a montré son « moi, petite pomme », pour créer un nouveau monde parallèle. Dans d'autres circonstances, le monde non verbal est trop dévasté pour qu'il puisse y prendre appui. Alors, il ne sait plus où il est. Il ne trouve dans l'ancien monde plus rien à quoi se raccrocher, et le nouveau monde, où se tient sa mère, lui paraît lointain et aliénant. Il a perdu un monde sans avoir atteint l'autre : « Je me sens nu et triste. Je suis tout seul. »

De pareils moments marquent des ruptures dans l'intersubjectivité des parents et de l'enfant. Manquant temporairement d'empathie, la mère ne parvient pas à voir la situation du point de vue de Joey et n'arrive pas à recoller les morceaux. Il est important que les parents connaissent la possibilité de telles ruptures à ce point du développement, quand l'enfant fait le difficile apprentissage d'un nouveau code à appliquer à ses anciennes expériences. D'autant plus que les ruptures sont subtiles, qu'il est souvent difficile de savoir ce qui s'est mal passé et pourquoi. Grâce à leur empathie, ceux qui s'occupent de l'enfant peuvent l'aider à raccorder ces deux mondes.

V

LE MONDE DES HISTOIRES. JOEY À QUATRE ANS

Vers trois ans, l'enfant accomplit un autre saut majeur dans son développement et, tout en restant lui-même, devient « différent ». Comme au cours des grands sauts précédents, les changements liés au développement affectent presque tous les domaines de l'expérience. Mais il en est un qui joue un rôle particulier dans ce journal. Enfin, Joey peut relater lui-même les événements et les expériences dont il fait l'objet. Il est maintenant capable de composer un récit autobiographique.

Construire un récit ne suppose pas seulement de disposer de mots pour désigner les choses, comme c'est le cas pour Joey depuis sa deuxième année. Cela va plus loin. Cela implique de voir et d'interpréter le monde des activités humaines comme des intrigues formant des histoires. Ces histoires font intervenir des acteurs dont les désirs, les motifs tendent vers des buts et s'inscrivent dans un contexte historique et un cadre physique qui aident à interpréter l'intrigue. De plus, toute histoire suit une progression dramatique, avec un début, un milieu et une fin. L'intrigue se noue et se dénoue autour d'un moment de tension. En d'autres termes, Joey commence à envisager les activités humaines, y compris la sienne, en fonction d'explications psychologiques imbriquées dans la structure d'un récit.

Prenons la séquence d'événements qui suit : un homme marche sur un trottoir. Il s'apprête à traverser la rue. De l'autre côté de cette rue, un homme et une femme avancent, main dans la main, vers la hauteur du trottoir où il arrivera. Il s'arrête au beau milieu de la rue. Hésite. Puis regagne le trottoir où il se trouvait précédemment. Il poursuit son chemin.

Pour un adulte, il est presque impossible de ne pas lire dans cette séquence une histoire, c'est-à-dire une explication psychologique de certains événements liée à des protagonistes, des mobiles, des buts, des contextes, et à une progression dramatique qui monte et retombe. Bien entendu, maintes histoires (c'est-à-dire des interprétations ou des explications psychologiques) sont possibles. La femme sur le trottoir d'en face est l'épouse du premier personnage. Ou cet homme doit de l'argent à l'autre et veut éviter une confrontation. Ou encore, le premier homme est un espion qui se trouve dans cette ville en mission secrète et qui craint d'être dénoncé en apercevant un couple de sa connaissance de l'autre côté de la rue. Et ainsi de suite.

Le point essentiel est que l'esprit intègre chacun des actes du premier personnage pour construire une intrigue précise. Ici, l'une des possibilités serait la suivante : « A l'improviste, un homme tombe pratiquement sur sa femme tenant la main d'un autre. Choqué, il change de direction pour éviter le couple et continue d'avancer comme si de rien n'était, afin de pouvoir se ressaisir et réfléchir. » Les sept actions distinctes passent au second plan, où elles servent seulement d'indications scéniques pour bâtir une intrigue. Et, au premier plan, l'histoire définit ce que l'on a observé – ce qui est « arrivé ».

Comprendre les activités humaines en termes d'intrigues psychologiques, tel est en partie le saut énorme que Joey est en train d'accomplir. A compter de maintenant et pour le reste de sa vie, il appréhendera dans une large mesure les événements humains comme des histoires psychologiques – des histoires simples, au début.

Cette transformation dans sa façon de considérer les actions humaines ne lui est pas unique. Tous les enfants, approximativement entre deux ans et demi et quatre ans, commencent à construire des récits concernant leur propre vie. Quelle que soit la culture dont il est issu, l'être humain exprime son histoire, ses convictions, ses valeurs et ses coutumes sous forme de récits tels que des narrations psychologiques. Ces récits comptent parmi les modes d'expression les plus puissants d'une culture, parmi les forces qui lui permettent de se perpétuer.

Du fait que la fabrication (et la narration) d'histoires est commune à toutes les cultures et constitue un jalon normal du développement de n'importe quel enfant, on la considère à présent comme une faculté humaine universelle. Elle marque, dans le développement, une étape similaire à bien des égards au passage à la position assise, à l'apprentissage de la marche ou à l'acquisition du langage. De même que ces capacités, la création d'histoires se développe suivant un plan déterminé génétiquement. Bien évidemment, des facteurs importants de l'environnement conditionnent le moment exact de son apparition ainsi que sa fécondité et sa richesse.

Notre esprit semble, par nature, chercher l'explication de ce qui nous arrive, à nous et autour de nous. Les éléments extrêmement divers de notre vécu n'ont qu'un lointain rapport, et les corrélations que nous imposons entre eux sont souvent purement circonstancielles, sinon accidentelles. L'esprit humain a besoin de sélectionner, parmi ce désordre, des détails qui ont un sens, et de les rassembler selon le mode d'organisation le plus cohérent, complet, logique, raisonnable et simple que possible. L'histoire est un moyen de créer cette organisation. C'est le fruit de la quête incessante et sans repos à laquelle se livre l'esprit, dans son aspiration à découvrir l'ordre, le « tableau sous un angle élargi ». Bien que cette quête commence dès la naissance, jusque vers trois ou quatre ans, Joey avait une faculté limitée de composer un vaste tableau à partir de ses diverses expériences. Il n'y parvenait que de manière fragmentaire. Maintenant, ayant franchi ce cap dans son développement, il a acquis les facultés et les conceptions mentales qui lui permettent de combiner en une unité – une histoire – un nombre suffisant de pièces, dont les rapports réciproques donnent un sens à des événements humains particuliers. L'intrigue devient, pour tout le reste de sa vie, l'« unité » fondamentale pour comprendre les événements humains qui nous affectent.

Quand vous lirez l'histoire de Joey telle qu'il la raconte, en la comparant à la façon dont il a vécu l'événement, vous vous poserez peut-être une question. D'où viennent les matériaux qui lui ont été nécessaires ? Les expériences passées, rappelées à sa mémoire, sont une source essentielle. Mais si elles étaient l'unique source, l'histoire se limiterait à ce qui lui est réellement arrivé, tel qu'il s'en souvient ou le réinterprète au présent. Comment, alors, expliquer qu'un lion imaginaire vive sur le mur de sa chambre, et que Joey fasse une partie de pêche sur le lit, comme dans son journal au chapitre 1 ?

A l'instar de toutes les histoires, celles de Joey transcendent le réel et deviennent quelque chose d'autre, pour plusieurs raisons. La première est qu'il peut mélanger les souvenirs d'événements survenus en des lieux et des époques différents. Certaines de ses histoires activent des souvenirs issus aussi bien du passé proche que du passé lointain, et les ramènent tous ensemble au présent comme s'ils faisaient partie intégrante de la même progression narrative. La deuxième raison est que certains des événements qui se trouvent mélangés peuvent être imaginaires ou « pour de faux », comme son lion. (Bien entendu, les événements imaginaires ont aussi une histoire dans l'expérience passée réelle.) Troisièmement, la structure du récit impose une contrainte. Joey doit forcer ses expériences subjectives, riches et diffuses, à respecter la forme stricte requise par le récit. Il est souvent difficile d'intégrer les matériaux turbulents de l'expérience subjective directe aux éléments ordonnés d'une histoire. Beaucoup de matériaux sont écartés, d'autres sont remodelés pour mieux s'adapter. Et, pour finir, la quatrième raison est que l'histoire sera racontée et adaptée à un auditeur. Le narrateur doit prendre une attitude qui convient aussi bien aux matériaux qu'à son auditoire. Certaines histoires nécessitent plusieurs versions.

Ainsi, en créant une histoire, Joey invente une nouvelle réalité. Il doit maintenant vivre avec deux réalités : celle, vécue, de l'expérience subjective et celle relatée dans un récit. Bien que non sans parenté, ces deux mondes ne sont pas identiques ; ils coexistent.

Pour bien montrer ce double aspect, le journal de Joey décrit, comme jusqu'à présent, le monde de ses expériences subjectives directes au cours d'une matinée. Une heure plus tard, Joey me donne sa version personnelle de ces mêmes expériences matinales. La juxtaposition des deux univers révèle la manière dont un enfant utilise le matériau du monde vécu subjectivement et le transpose dans le monde des histoires.

La nature de l'expérience subjective directe de Joey a également changé. Elle est proche de celle de l'adulte en ce qu'il associe plus librement un événement à l'autre, indépendamment du moment ou du lieu où les événements se sont produits, indépendamment de leur réalité ou de leur caractère imaginaire. Souvent — peut-être même toujours —, au moins deux choses se passent simultanément. Ses associations s'étendant au temps, à l'espace et à la logique, Joey vit dans des courants de conscience extrêmement riches. Les événements du présent, du passé proche et du passé lointain peuvent tous devenir actifs et confluer pour former son expérience subjective directe. Il est aussi à l'aise que nous le sommes tous, ou que nous devrions l'être, avec la densité et la turbulence de ces courants d'expérience subjective. C'est ainsi que l'esprit fonctionne, surtout quand on lui donne relativement libre cours, que l'on ait quatre ans ou que l'on soit adulte.

J'émets aussi la supposition que Joey a accès à des souvenirs de sa toute petite enfance, comme l'expérience de la tache de soleil sur le mur de sa chambre. Je ne veux pas dire qu'il se souvient réellement d'un acte particulier consistant à regarder le rayon de soleil sur le mur mais, plutôt, que la sensation née en lui, avec ses associations, est une catégorie d'expérience qui peut venir se représenter, comme le cas s'est souvent produit. Elle peut être déclenchée car il en a fréquemment fait l'expérience au cours de sa vie, dans des contextes variés. C'est une catégorie de souvenirs qui a été retravaillée et rendue active. Les souvenirs du passé lointain, faute d'être sélectionnés puis utilisés (réactivés et resitués dans leur contexte), tendent à s'effacer (même si ce n'est peut-être jamais totalement) et à devenir une part moins accessible du paysage psychique. S'ils sont fréquemment utilisés et remis à jour, ils demeurent extrêmement accessibles.

La tâche de Joey, en fabriquant une histoire, consiste à me relater le flux de son expérience. A mesure qu'il s'y emploie, il ne construit pas simplement une version différente, alternative, de ce qui s'est passé ; il crée une version très susceptible de devenir la version publique, « officielle ». Les récits ayant trait au passé, en opérant un tri parmi les multiples événements que l'on a expérimentés directement, ont le pouvoir de définir pour chacun de nous ce qui est « vraiment arrivé ». En ce sens, Joey participe à l'entreprise à la fois extraordinaire et quotidienne de créer son propre passé.

Qu'en est-il lorsque le passé vécu et le passé relaté sont très opposés et contradictoires ? Sous ce rapport, il est significatif que les histoires, surtout les histoires « officielles » relatives au passé, soient habituellement construites par l'enfant avec « l'aide » (la participation) d'un parent. Ce sont des constructions conjointes. Un enfant victime de sévices corporels pourra, par exemple, raconter une histoire excusant ses parents : « Ils me battent parce qu'ils se soucient beaucoup de moi et de ce que je fais. » Mais outre que cette histoire risque d'empêcher des tiers de mettre les parents en face de leur propre violence et ainsi d'éviter à l'enfant d'être battu, le danger est que l'enfant lui-même finisse par y croire et que cette histoire devienne sa vérité de lui-même. Supposons qu'une fillette raconte que sa mère est la plus drôle, la plus affectueuse de toutes les mères, et qu'elles s'amusent tout le temps ensemble. Pourtant, en même temps, l'enfant sent sa mère trop absorbée, comme si elle jouait pour elle-même, comme si, parfois, elle se perdait dans son propre monde lorsqu'elles jouent ensemble. Il est peut-être trop douloureux ou troublant pour cette petite fille d'élaborer une histoire

« plus vraie ». Supposons encore que le visage d'un père s'éclaire quand il regarde son fils aîné, et s'assombrisse quand il voit son petit dernier ; cependant, celui-ci raconte une histoire de seconde main qui est devenue sa propre version : « Mon père nous aime autant. Même qu'il le répète tout le temps. » Ainsi, la fabrication d'histoires peut établir et perpétuer des distorsions de la réalité – distorsions qui contribuent de manière significative à provoquer un désordre mental. De fait, une grande part de la psychothérapie a pour but de ramener au jour et de décrire soigneusement les mondes subjectifs vécus d'une personne et les mondes qu'elle relate, puis de les comparer et, enfin, de les amener à un certain degré de coexistence harmonieuse en altérant l'un ou l'autre, sinon les deux – habituellement le monde des histoires.

Au cours d'un développement normal, la fabrication d'histoires a toutefois le rôle important de faciliter le processus quotidien de définition de soi. L'enfant qui fait un récit autobiographique n'est pas seulement en train de définir son passé ; il crée son identité. Ce processus se poursuit chaque jour, de façon répétée, quand il raconte ce qui s'est passé à la maternelle, ce qu'il a eu au petit déjeuner, les courses qu'il a faites avec Maman, ou la dispute qu'il vient d'avoir avec sa sœur. Chacune de ces créations et de ces narrations est pareille à un atelier où il peut tester, expérimenter ce qu'est devenir soi-même. C'est crucial pour un enfant qui évolue rapidement, qui se développe et acquiert de la maturité. Son identité change, elle aussi. Et il lui faut tester plusieurs versions, de la version publique à la version la plus intime.

Au chapitre 1, Joey entre dans ce monde dynamique où simultanément il se découvre et se crée. C'est l'ultime monde où nous le suivrons. Non que ce soit le dernier qu'il rencontrera dans sa vie ; mais, après y avoir pénétré, il sera capable de construire et de relater son propre récit autobiographique sans mon aide.

1

Mondes parallèles
8 heures et 9 heures

Le contexte émotionnel de la matinée a été déterminé par les événements de la veille au soir, où des amis de la famille sont venus en visite, avec leur fillette, Tina, qui a le même âge que Joey. Tina et lui se sont disputés à cause d'un jouet. Ils se sont poussés, il l'a frappée et la lèvre de la petite fille a saigné. Cela a mis tout le monde en émoi. Joey a été envoyé dans sa chambre. Et plus tard, même le rituel du coucher a été perturbé et la chanson qu'il chante d'habitude avec sa mère a été oubliée.

Maintenant – le lendemain matin –, Joey s'éveille. Il rêvasse un peu dans son lit. Puis il va dans la chambre de ses parents. Ceux-ci viennent de se réveiller et ils jouent tous les trois au lit, à « faire semblant ». Puis Joey va dans la cuisine avec sa mère, qui prépare le petit déjeuner.

Le journal de Joey, consignant ces trois événements à mesure qu'ils se produisent – dans son lit, dans le lit de ses parents, dans la cuisine – restitue, tout comme les précédents chapitres, l'expérience intime et subjective qu'il en a eue. Les pièces qui composent le patchwork de son expérience subjective proviennent de sources et de périodes nombreuses, ainsi que je l'ai indiqué. Afin de préciser de laquelle il s'agit dans les épisodes qui suivent, j'ai utilisé trois séries de symboles. Les événements du passé proche de Joey sont mis entre parenthèses simples, (). Les événements qui viennent de son passé lointain, et qui ont déjà été décrits plus tôt dans son journal, sont entourés de parenthèses doubles, (()). Les événements imaginaires sont placés entre crochets, [ ]. Enfin, tout ce qui se passe en temps réel, sur le moment, est écrit normalement, sans ponctuation particulière. Pour Joey, bien sûr, tous ces éléments se combinent en un vécu au présent singulier.

Environ une heure après que Joey est passé par ces trois expériences, telles qu'elles apparaissent dans son journal, je viens lui rendre visite, à lui et à ses parents, comme je le fais souvent. Il me connaît bien. Je lui demande : « Qu'as-tu fait ce matin, Joey ? » Et il me le raconte.

Le récit qu'il me fait de ces mêmes événements matinaux n'émerge pas de façon harmonieuse. De même que la plupart des enfants, Joey raconte son histoire par petits bouts. Du fait qu'il a besoin d'aide, je l'encourage par des questions non directives comme « Ah bon ? » ou « Et puis ? ». Ainsi, ce récit se déroule sous forme de dialogue.

J'ai divisé ce dialogue, afin que chacun des trois épisodes de l'histoire de Joey suive la partie qui le concerne dans le journal. Cette juxtaposition souligne le travail de transformation qui s'est opéré en Joey entre le monde de l'expérience et le monde des histoires. A eux trois, ces épisodes forment la version narrative des expériences qu'il a vécues, du moins la version qu'il est désireux et capable de me donner.

☙

Dans mon lit

Journal de Joey

Sur mon mur j'observe mon carré de soleil. C'est bon. ((La danse tiède sur le mur se rapproche.))

C'est tout jaune comme le lion de mon livre. [Le lion du livre se réveille peu à peu et bâille, en montrant toutes ses dents.]

(Quand Maman fait le lion, elle avance au ralenti,) ((comme la danse qui évolue sur mon mur.)) (Elle ouvre grande la bouche, fronce le nez bâille fort, roule sa tête dans tous les sens et griffe l'air avec sa main — comme si elle était contente d'elle-même.)

Elle n'est pas un vrai lion. Les vrais lions, tous les autres animaux en ont peur parce que ce sont les plus forts.

(J'ai frappé Tina hier, parce qu'elle m'a poussé. Et sa lèvre est devenue pleine de sang. Elle a pleuré, et tout le monde s'est tourné et m'a regardé, comme si j'étais changé. Et après, quand j'ai crié ma colère à Maman, Papa m'a fait tournoyer et m'a regardé de cet air-là, comme si j'étais changé.)

(Je voulais me cacher, disparaître très loin. J'étais attaché sur place. Mon visage brûlait et tout le monde me voyait. Je

ne pouvais pas me sauver, et je ne pouvais pas aller vers eux. Alors, Maman m'a emmené dans ma chambre et a fermé la porte en me laissant tout seul. J'ai pleuré et, au bout d'un moment, j'ai chanté à tue-tête. J'ai fait de la musique sur les barreaux du lit.) ((*Et, quelque part, il y avait un rythme plus lent, plus profond.*)) (*J'ai fait un cyclone avec mes jouets.*)

((*A l'intérieur, tout explosait puis revenait vers moi.*)) (*Personne ne venait, je me sentais triste et encore plus seul.*)

Mon carré de soleil se déplace lentement, [comme le lion qui vient de se réveiller. Les barreaux de mon lit lui font une cage. Maintenant il est installé bien au chaud dans sa cage, et il ne se sent plus si seul. N'est-ce pas, Lion ?] Alors je peux partir, maintenant.

Récit de Joey

D.S. — *Que s'est-il passé ce matin, Joey ?*

JOEY — *J'ai joué. J'ai joué avec mon lion. Il vit sur mon mur.*

D.S. — *C'est vrai ?*

JOEY — *Ouais, et il est tout jaune et grand, GRAND ! Mais il n'est pas méchant. C'est un gentil lion. Maman et Papa ne veulent pas qu'il sorte... alors il se cache derrière les barreaux de mon lit* *.

D.S. — *Les barreaux de ton lit ?*

* Les points de suspension dans le récit de Joey indiquent les moments où il interrompt sa narration (N.d.A.).

Joey – *Les barreaux de mon lit font une cage, et il bouge dans sa cage très, très lentement, il tourne en rond. Tellement lentement, parce qu'il est seul. Hier il a dansé, chanté et fait de la musique sur les barreaux avec ses mains, et sur le mur, comme si c'était un gros tambour, avec sa queue.*
D.S. – *Oh !*
Joey – *Il a chanté une longue chanson sur quand il était petit, et qu'il se battait, et il y avait un gros orage et tout se séparait et s'envolait. Ouais, et il a mis toute une journée à finir sa chanson. Et alors, après, il est allé dormir.*
D.S. – *Oh là là !*
Joey – *Il ne chante pas quand Maman ou Papa viennent.*
D.S. – *Non ?*
Joey – *Non. On ne peut le voir que le matin. Mais parfois je peux le voir la nuit quand je veux. Il préfère le matin.*

❧

Dans le lit de Papa et Maman

Journal de Joey

Alors je vais dans leur chambre sur la pointe des pieds. Ils sont un peu endormis.

Peut-être que je peux les réveiller, et ne pas les réveiller, si j'avance doucement sur le lit – comme ça.

[Il y a de grosses vagues de tous les côtés, comme des montagnes qui roulent. Je suis dans ma coquille de noix. Je chevauche la crête et glisse sur l'arrière d'une vague, en

dérivant de côté.] ((*Les marées matinales du lit font soupirer l'air. Les sons et les odeurs vont et viennent.*))

Papa est vraiment réveillé. Il dit : « Attention ! Voilà une grosse, une énorme vague qui arrive ! » Sa jambe se soulève sous la couverture. Je suis terrifié et ravi, [et la vague me renverse dans l'eau] et sous les couvertures. Je suis tellement content qu'ils soient réveillés ! ((*Le monde est plus chaud, plus rapide.*))

Nous sommes tous en train de rire sur le lit. [Nous sommes tous sur le même bateau, et c'est notre maison. Il faut que j'attrape un poisson sur le côté pour le manger au petit déjeuner.

J'ai un poisson au bout de ma ligne. Il tire, file et bondit hors de l'eau. C'est un poisson pas comme les autres. Il n'aime pas qu'on l'attrape.]

(Un jour, Papa a attrapé un énorme poisson, rouge orangé, et l'a rapporté à la maison, dans l'évier, et nous l'avons mangé.)

[Je retourne dans la grotte sombre, dans notre bateau.]

((Un jour il a jeté un son magique dans la grotte sombre pour attraper un poisson pas comme les autres, et ça s'est transformé en pomme et je suis sorti de la grotte.)) (Je sors de la grotte) et je sors des couvertures, et Maman et moi allons à la cuisine.

MONDES PARALLÈLES

Récit de Joey

D.S. – *Et après, qu'est-ce qui s'est passé ?*

JOEY – *Je suis allé dans la chambre de Maman et Papa, pour jouer.*

D.S. – *Et qu'est-ce qui s'est passé là-bas ?*

JOEY – *Ben, ils étaient endormis. Alors j'ai joué à la « coquille de noix ».*

D.S. – *Comment joue-t-on à la « coquille de noix » ?*

JOEY – *J'ai une coquille de noix. Je peux naviguer n'importe où – dans la baignoire, l'océan ou une tasse de thé. Et je navigue sur le lit dans ma coquille de noix.*

D.S. – *Oh ! Et puis ?*

JOEY – *Tu vois, en vrai Papa faisait semblant de dormir. Alors on a tous joué au « jeu du même bateau » sur le lit.*

D.S. – *Comment faites-vous, pour jouer au « jeu du même bateau » ?*

JOEY – *Nous vivons sur notre bateau. Et j'ai failli attraper un gros poisson.*

D.S. – *Oh !*

JOEY – *Ouais. Il tirait, tirait, il se sauvait et revenait. Je pouvais presque le voir. Je l'entendais. Et il s'est sauvé. C'est un poisson pas comme les autres. Il... personne ne l'a jamais attrapé, sauf Papa, une fois. Ça s'appelle un poisson-pomme. Je ne sais pas, peut-être qu'il est rond. Et il peut faire des sauts sur la surface de l'eau. Mon ami Jojo sait sauter, et Marcie, mais pas Adèle. Elle ne sait pas sauter.*

Et moi, j'apprends. Je n'ai jamais vu de poisson-pomme pour de vrai, parce que juste à la fin, il s'échappe. Alors personne ne sait de quoi il a l'air. Mais c'est un poisson pas du tout comme les autres. Et alors, nous n'avons pas mangé de poisson au petit déjeuner. Mais des fois, c'est arrivé.

❧

Dans la cuisine

Journal de Joey

Maintenant, dans la cuisine, nous chantons la chanson que nous n'avons pas chantée la nuit dernière. ((Ses sonorités vivent en moi. Elles refont surface, puis reviennent à l'intérieur,)) pendant qu'elle prépare le petit déjeuner.

Elle me tourne le dos, elle ne me voit pas. Elle ne sait pas que je sais. Je verse à sa place le lait dans sa tasse de café. Elle se tourne et me voit faire. Son visage s'immobilise. (Se peut-il que le vent meure et que le monde s'éteigne ?)

Et alors elle explose. Elle rit, vient me serrer et me regarde dans les yeux. Dans ses yeux, je sens sa surprise. [Pendant qu'elle me regarde, elle rejoue la scène], et la surprise se brise dans ses yeux et à nouveau sur son visage, en une seconde vague. ((J'entre plus profondément à l'intérieur. Un nouveau courant monte vers la surface, plus doux, beaucoup plus doux dans ses yeux.))

Elle rit et nous ramène ici.

Et ici, je lève la main vers le sucrier et je mets un morceau de sucre dans son café. J'attends un peu. Puis un autre. Et je n'arrive pas à m'arrêter de rire parce que je sais que c'est ça : deux morceaux.

Et elle, elle rit aussi.

Et tous les deux nous rions, rions, rions, ((fuyant devant la plus douce, la plus fraîche de toutes les brises)).

Récit de Joey

D.S. – *Et alors, qu'est-ce qui est arrivé ?*

JOEY – *Au petit déjeuner, nous avons ri, mais ri !... parce que c'était tellement drôle ! Et on n'a pas arrêté de rire parce que je lui ai fait une farce.*

D.S. – *Ah bon ?*

JOEY – *Tu vois, j'ai mis un sucre dans le café. Et elle regardait. Et alors j'ai mis un autre sucre. Et elle regardait. Et alors j'ai arrêté parce que deux, c'est tout. Et j'ai aussi versé du lait dans son café, quand elle ne me voyait pas. Alors elle s'est tournée, et c'était fait.*

D.S. – *Et qu'est-ce qui s'est passé d'autre ?*

JOEY – *Ben... Nous avons chanté la chanson de la nuit, même au petit déjeuner... Je peux la chanter ?*

D.S. – *Oui.*

JOEY – *Elle dit :*

Aux quatre coins du lit
Un bouquet de pervenches.
Dans le mitan du lit,

La rivière est profonde
Tous les chevaux du roi
Pourraient y boire ensemble.
Et là nous dormirions
Jusqu'à la fin du monde, lon la,
Jusqu'à la fin du monde.

D.S. – *Elle est belle.*
JOEY – *Ouais.*
D.S. – *Tu la chantes tous les soirs ?*
JOEY – *Oui, Maman et moi, tous les deux. On ne l'a pas chantée la nuit dernière.*
D.S. – *Oh ! Et ensuite ?*
JOEY – *Et ensuite,... ensuite c'est maintenant. Je parle avec toi.*

☙

Quoique, de prime abord, les annotations portées dans le journal de Joey (son monde d'expérience) et le récit qu'il m'a fait (son monde d'histoires) présentent des points de vue alternatifs sur les mêmes événements de la vie, ils « traitent » en fait de choses dissemblables : ce sont deux mondes parallèles. Joey expérimente et construit ces mondes différemment, et ceux-ci servent des buts distincts.

Le monde de l'expérience est le moment présent à mesure qu'il se déroule dans le temps. Toujours hors de portée, c'est le rêve en train d'être filmé. Il est infiniment riche de sensations, de perceptions, de sentiments, de pensées et d'actions. Il s'organise à l'instant où il est vécu.

L'esprit se meut avec aisance et rapidité à travers le temps et l'espace, allant et venant entre les souvenirs, dans tout ce qui se passe dans l'imagination. La plupart des expériences sont simultanées : nous sentons tout en percevant, tout en agissant, tout en pensant, tout en éprouvant. En outre, l'expérience ne connaît pas d'interruptions. Il semble que nous vivions dans un cirque à cinq pistes, où le spectacle – celui de nos sens – se poursuit sans fin. Cependant, notre attention, notre clairvoyance, notre conscience sélectionnent et structurent continuellement l'expérience vécue, pour réduire le chaos. Par conséquent, nous avons l'impression d'évoluer le long d'une voie unique, et non de cinq ou six lignes parallèles ; il nous semble que la vie est dans le temps une expérience essentiellement linéaire, relativement continue et partiellement cohérente, plutôt qu'un passage totalement fracturé d'une piste à l'autre ou qu'une cacophonie d'expériences simultanées.

En donnant un sens au monde de l'expérience, les processus de l'esprit assurent sa cohésion. Au premier abord, on dirait que Joey ne cesse de sauter d'une idée à l'autre, d'un endroit à l'autre. Dans sa chambre, il va de la tache de lumière au lion du livre, de sa mère imitant un lion à la danse du soleil sur le mur, puis il revient à sa mère, parle des lions en général, passe à l'incident survenu la veille quand il a frappé la petite fille et à son renvoi dans sa chambre. Il se lance ensuite dans un double voyage vers des bribes de souvenirs plus anciens, en revient à l'incident de la veille, et, pour finir, au carré de soleil et aux lions.

Ce méli-mélo n'est en fait pas si embrouillé qu'il y paraît. Plusieurs thèmes actifs forment le contexte émotionnel qui oriente la sélection et le processus de structuration immédiate. Ces thèmes (agression-colère, solitude-tristesse et réconciliation) ont été activés par les événements dramatiques de la veille, lorsque Joey a frappé Tina et a été renvoyé dans sa chambre. Les thèmes ainsi déclenchés sélectionnent certains événements du passé et du présent, élaborent des événements imaginaires apparentés, et assemblent le tout en une séquence dont la logique est guidée par les thèmes originaux.

Joey commence par observer la tache de soleil. Cela le ramène à l'expérience si souvent rencontrée depuis l'âge de six semaines (première partie, chapitre 1). Il fait ensuite une association avec le lion du livre. Apparemment, la raison de cette association est la similitude de couleur. Cependant, l'expérience de la tache de soleil est également liée aux degrés croissants de son excitation et à leur autorégulation. C'est en partie avec cette autorégulation de l'émotion qu'il est aux prises dans le contexte de sa colère et de sa tristesse, que le lion en viendra à représenter pour lui. Le lion n'est pas encore défini comme l'incarnation de ce thème, qui continue à s'ébaucher et à s'étoffer.

Joey passe alors au lion du livre, qu'il se dépeint en son for intérieur, et se concentre finalement sur les dents du fauve. Le thème de l'agression est en train de prendre forme. Il se rappelle alors sa mère et la « voit » par l'imagination imiter un lion. L'image de ses mouvements lents déclenche une fois encore le souvenir ancien, mais fréquemment revécu, de la lente danse du soleil sur le mur de sa chambre, souvenir réactivé à peine un moment plus tôt. Il revient à l'image de sa mère imitant le lion. Ce lion-là est joueur et doux, et le thème de l'agression s'estompe. En se disant ensuite que sa mère n'est pas un vrai lion, Joey ressuscite ce thème. Il le renforce en s'attachant au fait que tous les animaux craignent le lion, en raison de sa force. A ce stade, le thème renforcé trouve une cible tangible qui est en réalité le contexte directeur, la motivation, la sensation qui s'attarde en lui depuis la nuit dernière. Joey revit la scène où il frappe la fillette et se sent considéré par les autres comme un être dangereux et méchant. Il revit son sentiment d'aliénation et de honte, sa mise à l'écart dans sa chambre, le fracas et la musique bruyante qu'il a produits pour exprimer sa colère et se consoler.

Le souvenir de la musique rappelle un autre groupe d'expériences premières, la sensation d'être allongé sur son lit et d'observer le monde (première partie, chapitre 2). Peut-être le confinement, le fait d'être soustrait à l'animation et conduit dans sa chambre pour être l'observateur passif d'un monde vide de présence humaine ont-ils joué un rôle dans cette association. Joey rentre alors en scène, prenant les événements de la veille au moment où, dans sa colère d'être isolé dans sa chambre, il jette ses jouets en tous sens, comme un cyclone. Cela réveille alors un autre fragment du passé, resté bien vivant dans des souvenirs comme celui de la tempête (première partie, chapitre 3). Le trait distinctif n'est pas la faim elle-même mais le sentiment intérieur de bouleversement, les pulsations alternant explosion et effondrement. Sa colère, elle aussi, est faite ainsi. Des vagues de colère explosent ; puis, dans l'accalmie passagère qui suit, la tristesse et la solitude reviennent s'emparer de lui et se transforment en colère qui s'accumule, pour exploser, encore et encore, par vagues. Le fait de revivre ce souvenir active avec plus de force le thème de la tristesse et de la solitude, qu'il situe alors en revenant aux événements de la veille. Dès que ce thème prend le dessus, Joey retourne à l'instant présent et entreprend d'affronter ces sentiments de tristesse en les attribuant au lion puis en tâchant, en quelque sorte, de réconforter l'animal. En l'occurrence, Joey met à profit sa connaissance du comportement de sa mère envers lui, et adopte le rôle consolateur. En s'identifiant à elle, il peut avoir de l'empathie aussi bien envers lui-même qu'envers les autres.

Son expérience du monde n'est pas chaotique, après tout. C'est un monde qu'il construit constamment par le jeu de sélection des événements auxquels il prête attention, sous l'influence d'un thème ou d'un contexte, et par l'utilisation de tous les événements que la vie jette sur son chemin pour élaborer des thèmes traditionnels et en concevoir de nouveaux. L'expérience vécue de Joey est guidée par des thèmes et, en même temps, cherche à en trouver. Les deux processus construisent son expérience progressive, de sorte que celle-ci est déjà extrêmement choisie et cohérente avant qu'il ne la réorganise pour en faire une histoire.

Le monde des histoires est une reconstruction du monde de l'expérience, qui lui-même est construit. Cette reconstruction narrative doit satisfaire à de nombreux critères. D'abord, elle concerne un monde fait pour être observé de l'extérieur par quelqu'un d'autre. C'est un récit conté à un interlocuteur. Le monde de l'expérience, en revanche, est vécu de l'intérieur, à l'intention de nul autre. Aussi, la première tâche de reconstruction de Joey consiste à retourner le monde de l'expérience, comme il ferait d'un gant, afin de l'adapter au monde des histoires. Il y parvient en transformant les perceptions, les sensations et les états psychiques internes du monde de l'expérience en actions et en activités extérieures que les autres peuvent observer sur la scène du monde des histoires. Les enfants, lorsqu'ils commencent à se lancer dans des récits autobiographiques, utilisent principalement, comme Joey, des verbes d'action : « j'ai joué », « il se cache », « il avance », « il dansait et chantait ». Les références aux états de sensations sont beaucoup plus rares. Dans l'histoire de Joey, on n'en trouve qu'une seule : le lion est « solitaire ». Dans le monde de l'expérience, elles sont nombreuses : le carré de soleil « est bon » ; sa mère est « contente », les animaux « ont peur », etc.

La grande œuvre de reconstruction que doit ensuite entreprendre Joey consiste à choisir et à concentrer les thèmes centraux en les affinant, en les orchestrant, tout en trouvant une manière de les rendre publics qui ne soit ni trop dangereuse ni trop embarrassante ou révélatrice. Le lion est le biais idéal. Il remplace Joey dans l'histoire. Le lion du récit est investi aussi bien du désir qu'éprouve l'enfant d'être fort et puissant que de sa crainte d'être dangereux et nuisible. Le lion commet les actes qui préoccupent Joey. Il s'est battu et reçoit la même punition : il est enfermé dans une cage, comme le petit garçon dans sa chambre. Dans cette cage, il connaît la solitude et la colère, comme ce fut le cas pour l'enfant. Joey sait aussi que ses parents découragent toute agressivité de sa part, et qu'il doit la tenir « enfermée » derrière des barreaux. En outre, il a appris qu'il vaut mieux ne pas partager certaines expériences – du moins, pas avec eux. Revenons par exemple à l'affrontement qui l'opposa à sa mère, à vingt mois (quatrième partie, chapitre 2). Il était perdu dans les sensations et les perceptions non verbales d'une flaque de soleil sur le sol, et y posait son visage quand sa mère l'interrompit brusquement, avec surprise et dégoût. Elle brisa temporairement son monde non verbal. Il commença alors à se rendre compte que posséder, voire cultiver un jardin secret était pour lui une nécessité – et une nécessité gratifiante. Peut-être cette conviction explique-t-elle que son lion ne chante pas quand ses parents entrent dans la pièce. En fait, ce lion est généralement invisible à tous, sauf à Joey.

Le lion remplit encore une autre fonction, celle d'*objet transitionnel*. C'est quelqu'un avec lequel Joey peut rester et jouer pour alléger son sentiment de solitude lorsqu'il est seul dans sa chambre. Dans le récit, le personnage de

Joey se confond avec celui de compagnon et d'observateur du lion. Ce rôle lui donne plus d'assurance, plus de distance et de maîtrise sur sa solitude.

La beauté de cet artifice, qui tient du déguisement, est que Joey peut s'exprimer par l'entremise du lion sans être tenu pour responsable de ce que celui-ci fait ou ressent. Après tout, ce n'est qu'un lion « pour de faux ». Afin de fabriquer son histoire, Joey a concocté un double tour de passe-passe. D'abord, il a créé un lion « pour de faux » qu'il a placé sous les feux de la rampe. Ensuite, il a secrètement doté ce lion de ses propres qualités. Pour construire l'histoire, il s'est mis dans la peau des deux personnages, le lion et lui-même. Il aboutit à une nouvelle structure. Il a transformé son monde d'expérience en un monde d'histoires.

La partie du récit où Joey parle du poisson-pomme est un bon exemple de ce processus de transformation. Il y a quelque chose de curieux dans ce poisson-pomme, dont l'improbable combinaison terminologique n'est qu'un début. Ce poisson a visiblement un caractère magique : insaisissable, invisible, il nage comme ses congénères mais est également capable de sauter sur la surface de l'eau. Ce poisson a un certain lien avec Joey (celui-ci apprend à sauter ; il a presque « attrapé », saisi le truc) et avec son père (qui « en a peut-être attrapé un, une fois »). C'est un poisson qui refuse de se laisser prendre, d'être épinglé, observé minutieusement et classifié, ou tout à fait compris. Pourquoi y mettre autant d'ambiguïté et de magie ? L'histoire que nous (re)dit Joey, qui pourrait s'intituler « Papa, le langage et moi », est celle de leur relation telle qu'elle lui est connue par les mots.

Dans l'épisode original de la « petite pomme » (quatrième partie, chapitre 1) lorsqu'il avait vingt mois, il exprime pour la première fois de manière verbale le surnom affectueux que son père lui donne. A cet instant, il rapproche en une phrase unique, « moi, petite pomme », deux éléments distincts : d'une part la façon dont son père le voit et ce qu'il ressent à son égard, et, d'autre part, la façon dont lui-même considère le fait d'être envisagé ainsi. C'est une fusion magique. C'est le début d'un long cheminement dans le développement de Joey. Son père le trouve merveilleux et adorable, et Joey veut devenir tel qu'il se voit dans le regard de son père et de sa mère. C'est là une des forces les plus puissantes qui façonnent le développement d'un enfant. Ses parents l'aiment pour ce qu'il est, pour ce qu'il a été et pour ce qu'ils espèrent qu'il deviendra. Il commence à s'apprécier lui aussi sous ces trois angles. Dans ce curieux manège entre parents et enfant, Joey est aimé pour ce qu'il est et pour ce qu'il n'est pas encore. Il s'apprécie pour ce qu'il est, et aussi pour ce qu'il n'est pas encore mais sera peut-être un jour. C'est bien un poisson magique ! Un drôle de poisson qui n'en est pas un. Tel est l'idéal que nous poursuivons, même s'il est insaisissable. Et même s'il était possible de s'emparer fugitivement de ce poisson, il glisserait entre les doigts car on ne peut le retenir. C'est le point du temps où le présent et l'avenir se rencontrent dans un bond en avant. C'est le devenir soi.

N'oublions pas que la soirée de la veille a été rude pour Joey. Il a frappé une fille et a été puni. Il a beaucoup souffert. La tension entre ses parents et lui avait en grande partie disparu quand ils l'ont couché, la nuit dernière. Mais depuis, la vie n'a pas encore repris son cours facile et normal. C'est le contexte d'ensemble qui détermine l'histoire du « poisson-pomme ». Le thème global est le désir d'une totale réconciliation avec ses parents. En tissant les fils de cette histoire, Joey resserre les liens qui existent entre lui et son père. Le « moi, petite pomme » et l'histoire du poisson-pomme sont une manière de célébration par le récit de ses rapports avec son père. Ils trouvent leur origine dans l'expérience et leur fonction dans la narration.

Le troisième volet de ces histoires matinales, qui a lieu dans la cuisine avec sa mère, révèle d'autres aspects fascinants de la fabrication de récits chez l'enfant. Toute histoire suppose un début, un milieu, une fin. Dans la « vraie vie » comme dans le monde de l'expérience, on s'attend à ce qu'une séquence d'événements suive l'ordre dans lequel ils se sont réellement passés. Dans la partie journal, concernant le monde de l'expérience, on voit cet ordre « réel » ; mais dans la reconstruction narrative que Joey m'a faite, l'ordre se trouve presque totalement inversé.

Voici les séquences d'actions, par ordre d'apparition, dans les deux mondes de Joey :

LE MONDE DES HISTOIRES

Monde de l'expérience	*Monde des histoires*
Ils chantent la chanson.	Ils rient ensemble.
Joey verse du lait dans le café.	Joey lui fait une surprise.
Elle se tourne et le voit.	Joey met deux sucres dans la tasse.
Elle éclate de rire, ravie.	Joey verse du lait dans le café.
Joey met deux sucres dans la tasse.	Elle se tourne et le voit.
Ils rient ensemble.	Ils chantent la chanson.

Bien que Joey ait pris certaines libertés avec l'ordre séquentiel, c'est approximativement le même récit qu'il communique. Il a simplement inversé le commencement et la fin, et chamboulé les différentes étapes intermédiaires.

Dans le monde de l'expérience de Joey, la tension dramatique culmine (comme dans la construction classique de la tragédie grecque ou shakespearienne) au moment décisif où sa mère, comprenant qu'il a versé du lait dans son café, est surprise et « explose » de rire. La tension dramatique se dénoue alors. Puis vient un second temps fort, mais dans une moindre mesure, où Joey et elle voient qu'il sait qu'elle prend toujours deux sucres dans son café.

Les enfants de quatre ans qui apprennent à faire des récits autobiographiques ont moins tendance à utiliser la construction classique que les enfants plus âgés ou les adultes. Ils préfèrent raconter une histoire qui, comme les nouvelles de Poe ou de Maupassant, atteint son apogée et se résout entièrement dans les toutes dernières lignes. Ou bien ils placent au début la « chute » inattendue, et laissent le reste de l'histoire pourvoir ensuite aux détails, comme Joey a choisi de le faire en relatant ce qui est arrivé dans la cuisine. Ainsi, il commence très fort : « Au petit déjeuner, nous avons ri, mais ri !... parce que c'était tellement drôle... parce que je lui ai fait une farce. » Ensuite il donne les détails de ce qui s'est passé, qui était si drôle et qui a été l'argument d'une petite scène.

Cependant, l'histoire ne s'achève pas lorsque l'action est éclaircie. Il reste la chanson, qui survient comme après-coup mais qui a, du point de vue dramatique, trop d'impact. Pourquoi cette chanson ? Et pourquoi l'intégrer à l'histoire de cette façon ? Là encore, il me faut faire appel aux thèmes qui guident vraisemblablement la reconstruction de Joey.

Le désir et le besoin de réconciliation avec sa mère, après l'événement de la soirée précédente, sont aussi forts que vis-à-vis de son père. Ce récit traite en réalité du rapprochement qui a lieu entre elle et lui. La chanson est celle qu'ils chantent chaque nuit avant que Joey n'aille dormir. La chanson du coucher est un don que les parents font à l'enfant et qu'il emporte pour s'en aller, seul, dans le sommeil. C'est un lien puissant, qui a valeur de rite.

La nuit dernière, après les péripéties de la soirée, la chanson du coucher n'a pas été chantée. A présent, le matin venu, Joey et sa mère compensent le rite enfreint la veille. Le fait de chanter cette chanson au petit déjeuner représente leur réunion, leur retour à leur manière habituelle d'être ensemble. Vu qu'en réalité cette chanson à deux précède la surprise et la crise de fou rire liées à la préparation du café, c'est peut-être la raison pour laquelle Joey place le moment fort au début. Ce qui s'est vraiment passé, c'est que l'action dramatique émotionnelle s'est produite en premier, quand ils ont chanté leur chanson ensemble. C'était le rapprochement. Tout, ensuite, comme les petits gestes amusants autour du café, a représenté leur rapprochement, mais à un moindre niveau de tension dramatique, dans une humeur plus légère. En réalité, la chanson et tout ce qu'impliquait le fait de la chanter leur ont permis de s'amuser et de planter le décor de leur rapprochement.

En élaborant son récit, Joey fait du lait versé dans la tasse, et non de la chanson, le premier événement décisif. Bien qu'il ait tort en ce qui concerne l'ordre d'apparition des événements, il a absolument raison pour ce qui est de celui des émotions. L'introduction de la chanson à un moment tardif du récit et l'empressement de Joey − en fait, sa proposition − à la chanter créent un second temps fort à la fin. Le chant, remplacé au début de l'histoire, apparaît néanmoins à la fin. Son rôle avait une force si irrésistible au matin qu'il ne pouvait rester caché.

Il s'agit d'une vieille chanson d'amour. Belle et mystérieuse, elle évoque le lien profond qui unit deux êtres. Elle existe depuis plusieurs siècles et elle est passée dans la vie, dans l'histoire, de personnes innombrables. Ce qui importe ici est qu'à présent Joey peut lui aussi puiser dans son héritage culturel et dévider ce fil magnifique pour broder une narration personnelle de sa propre vie. Cette nouvelle faculté de faire un récit l'a mis en contact avec sa culture d'une manière qui aurait été impossible auparavant. Dans ce contact intime, où il fait de cette culture une partie de lui-même et en devient, lui aussi, une partie intégrante, il contribue, comme des millions d'autres, à la véhiculer.

Et, pour finir, vient la dernière affirmation de Joey. Son « Et ensuite... ensuite c'est maintenant. Je parle avec toi », marque clairement une limite, m'indiquant qu'il a achevé son histoire. Ayant conclu les événements qu'il relatait, il en revient au présent immédiat et veut m'y entraîner avec lui. Il me notifie que le passé a maintenant rattrapé le présent. Non seulement Joey est capable de raconter une histoire, mais il est conscient que les événements qui la composent existent à un moment différent, le passé, et dans un espace interpersonnel distinct, où l'on entre et que l'on quitte au moyen de signes et de conventions supposant une entente mutuelle. Il commence à être un conteur, le conteur de sa propre vie. Désormais, le pouvoir d'interpréter et de réinterpréter son existence réside entre ses mains. Maintenant qu'il est devenu maître de son passé, il aura bien meilleure prise sur son présent et son avenir.

Et dès lors qu'il maîtrise son passé il peut lui-même

donner forme à son journal, qui à présent est oral. Puisqu'il n'a plus besoin de moi pour interprète, je peux prendre congé. A partir de cet instant, Joey vous parlera directement.

BIBLIOGRAPHIE

Cet ouvrage n'étant pas académique, une bibliographie exhaustive de la grande diversité de livres et d'articles de journaux se rapportant à la toute petite enfance serait inopportune ; ainsi, je dois renoncer au plaisir de mentionner directement tous ceux qui ont contribué aux recherches sur lesquelles se fonde le journal de Joey. En revanche, il n'existe aucune littérature adaptée au grand public qui éprouve de l'intérêt pour ce sujet. En guise de compromis, j'ai sélectionné une grande variété d'ouvrages. Certains sont le fait d'un seul auteur, d'autres sont publiés conjointement ; certains abordent le domaine dans ses généralités, d'autres sont extrêmement pointus.

J'espère que les ouvrages dont la liste figure ici, et qui sont présentés en regard de la partie dont ils traitent les questions, ne seront qu'une introduction pour le lecteur désireux de poursuivre l'étude de la petite enfance. Je souhaite également qu'ils lui donnent le moyen de mettre en cause et d'affiner ce journal de mon invention, et d'en construire un autre, meilleur, pour le ou les bébés de sa connaissance.

Introduction

Dans ce chapitre, j'aborde la révolution survenue dans la recherche pédiatrique, la manière dont cette recherche est effectuée et ce qui nous permet de croire que nous savons ce que pense un bébé. Pour se faire une idée sur ces questions, on se reportera et l'on comparera les chapitres concernant la petite enfance in *Carmichael's Manual of Child Psychology*, P. Mussen, ed. (New York, John Wiley, 1970) et in *Mussen's Handbook of Child Psychology, vol. I*, W. Kessen, ed. (New York, John Wiley, 1983). Ces textes classiques sur la psychologie du développement permettent d'établir la nature des recherches et donnent certains aperçus sur la révolution en cours.

En expliquant de quelle façon et pour quelles raisons j'ai pris la décision d'écrire un journal « autobiographique », j'ai beaucoup insisté sur le besoin et l'importance, pour le parent ou n'importe quel adulte, d'élaborer sa propre conception de la vie intérieure d'un bébé. Plusieurs ouvrages, offrant des points de vue divergents, relèvent de ce propos : *The Mental and Social Life of Babies*, Kenneth Kaye (Chicago, University of Chicago Press, 1982) donne une perspective plutôt axée sur le développement psychologique. *Clinical Studies in Infant Mental Health : The First Year of Life*, S. Fraiberg (New York, Basic Books, 1980), et *Jeu et Réalité, l'espace potentiel*, D. Winnicott (Gallimard, 1975), présentent une perspective clinique et psychanalytique.

La mémoire est l'un des trois sujets généraux qui réapparaissent au fil du *Journal*. *Infant Memory*, M. Moscovitch, ed. (New York, Plenum Press, 1984) contribue à bien des égards à jeter un éclairage précieux sur les capacités de mémoire du nourrisson. Pour un point de vue plus théorique, on se reportera à *Dynamic Memory : A Theory of Reminding and Learning in Computers and People*, R.C. Shank (New York, Cambridge University Press, 1982), *The Remembered Present : A Biological Theory of Consciousness*, G. M. Edelman (New York, Basic Books, 1990) et *Organization of Memory*, E. Tulving and W. Donaldson ed. (New York, Academic Press, 1972). Tous ces auteurs ont eu sur moi une influence considérable.

Le deuxième thème omniprésent concerne la capacité du nourrisson à organiser son expérience, notamment par la catégorisation et la représentation. Ici, j'indiquerais l'œuvre désormais classique de Jean Piaget et les articles que l'on trouvera in *Thought Without Language*, L. Weiskrantz ed (Oxford, Clarendon, 1988), *Cognition and Categorization*, E. Rosch and B.B. Floyd ed. (Hillsdale, N.J., Lawrence Erlbaum, 1978) et *Infancy and Epistemology*, G. Butterworth ed. (London, Harvester Press, 1981).

Pour le troisième thème, la nature de la petite enfance dans le plus vaste contexte de la biologie et de l'évolution, on se référera à *The Roots of Human Behavior*, M. Hofer (San Francisco, W.H. Freeman, 1980), ainsi qu'à *Towards Understanding Relationships*, R. Hind (London, Academic Press, 1979).

I. Le monde des sensations

Les émotions de la petite enfance sont un domaine qui suscite un intérêt croissant. Les points de départ traditionnels sont *The Development of Affect*, M. Lewis and L. Rosenblum ed. (New York, Plenum Press, 1978) et, des mêmes, *The Origins of Fear* (New York, John Wiley, 1974) ; *Distress and Comfort*, John Dunn (Cambridge, Havard University Press, 1976), *Emotion : Theory, Research and Experience*, vol. II, R. Pluchik and H. Kellerman ed. (New York, Academic Press, 1983), *Frontiers of Infant Psychiatry*, vol. II, J.D. Call, E. Galenson and R. L. Tyson ed. (New York, Basic Book, 1985).

Les ouvrages théoriques qui ont été pour moi du plus grand intérêt en l'occurrence sont *Affect, Imagery and Consciousness*, vol. I, S. Tomkins, et, du même auteur, *The positive Affects* (New York, Springer, 1962), ainsi que *Mind : An Essay on Human Feeling*, vol. I, S. Langer (Baltimore, John Hopkins University Press, 1967).

Dans cette partie, il est également fait mention de la manière dont le nourrisson voit et regarde, et de la façon dont il ressent les objets dans l'espace. De bonnes entrées en matière seraient *Développement psychologique de la première enfance*, T.G.R. Bower (Mardaga, 1978), *Rules That Babies Look By*, M. Haith (Hillsdale, N.J., Lawrence Erlbaum, 1980), et *Infant Perception : From Sensation to Cognition*, vol. II, L. B. Cohen and P. Salapatek ed. (New York, Academic Press, 1975).

II. Le monde social immédiat

Les ouvrages cités en relation avec ce domaine ont surtout trait à la place particulière de l'être humain comme objet d'intérêt pour le nourrisson, et à la nature de la première interaction sociale entre l'enfant et cet « objet » relationnel très spécial. La plupart des œuvres qui suivent, présentées par ordre chronologique, ont apporté une contribution inestimable. *The Effect of the Infant on Its Caregiver*, M. Lewis and L. Rosenblum ed (New York, John Wiley, 1974), *Mère et enfant, les premières relations*, D. Stern (Mardaga, 1981), *Studies in Mother-Infant Interaction*, H.R. Schaffer (New York, Academic Press, 1977), *Origins of the Infant's Social Responsiveness*, E. Thoman ed. (Hillsdale, N.J., Lawrence Erlbaum, 1978), *Before Speech : The Beginning of Interpersonal Communication*, M.M. Bullowa ed. (New York, Cambridge University Press, 1979), *Social Interchange in Infancy*, E. Tronick (Baltimore, University

Park Press, 1982), *Social Perception in Infants*, T. Field and N. Fox ed. (Norwood, N.J., Ablex, 1986). Au sujet du rôle de la locomotion autonome dans l'organisation de l'espace, comme lorsque Joey est porté par son père, voir *Advances in Infancy Research*, E. Rovée-Collier ed. (Norwood, N. J., Ablex, 1990), en particulier l'article de Bennett Bertenthal et Joseph Campos.

III. Le monde des paysages psychiques

Deux thèmes principaux apparaissent ici : l'attachement et l'intersubjectivité. Au sujet de l'attachement, les ouvrages fondamentaux sont *Attachement et perte*, J. Bowlby, vol. I : *L'Attachement* (PUF, 1978) et Vol. II : *La Séparation* (PUF, 1978), ainsi que *Patterns of Attachment*, M.D.S. Ainsworth, M.C. Blehar, E. Waters and S. Wall (Hillsdale, N. J., Lawrence Erlbaum, 1978). Pour une mise à jour plus récente, *Growing Points of Attachment Theory and Research. Monographs of the Society for Research in Child Development*, I Bretherton and E. Waters (Chicago, University of Chicago Press, 1986).

Concernant l'intersubjectivité chez le nourrisson, on aura un bon point de départ en se reportant à ces articles : *Infant Social Cognition*, M.E. Lamb and L.R. Sherrods ed. (Hillsdale, N. J. Lawrence Erlbaum, 1981), *Le Monde interpersonnel du nourrisson : une perspective psychanalytique et développementale*, D. Stern (PUF, 1989), *Action, Gesture and Symbol*, A. Lock ed. (New York, Academic Press, 1978), *Understanding Other Persons*, T. Mischel ed. (Oxford, Blackwell, 1974). *Relationship Disturbances in Early Childhood*, A. Sameroff and R. Emde ed. (New York, Basic Books, 1989), offre une large perspective clinique sur les questions relatives à l'attachement.

IV. Le monde des mots

Les deux chapitres de cette partie concernent à la fois l'acquisition du langage et son impact sur l'expérience du petit enfant. Ils abordent également la question apparentée qu'est le commencement de la réflexion sur soi. Pour ce qui a trait à ce dernier thème, on trouvera de bons points de départ dans *Social Cognition and the Acquisition of Self*, M. Lewis and J. Brooks-Gunn (New York, Plenum Press, 1979), et *The Second Year of Life : The Emergence of Self Awareness*, J. Kagan (Cambridge, Havard University Press, 1981).

Pour l'acquisition du langage proprement dit et sa (ré)organisation du monde, on verra *The Emergence of Symbols : Cognition and Communication in Infancy*, E. Bates (New York, Academic Press, 1979), *Child's Talk : Learning to Use Language*, J.S. Brunner (New York, W.W. Norton, 1983), *The Transitions from Prelinguistic* to *Linguistic Communications*, R. Gollenkoff ed. (Hillsdale, N.J. Lawrence Erlbaum, 1983), *Thought and Language*, L.S. Vygotsky, E. Kaufman and G. Vaker ed. et trad. (Cambridge, M.I.T. Press, 1962), *Symbol Formation : An Organismic Developmental Approach to Language and Expression of thought*, H. Werner and B. Kaplan (New York, John Wiley, 1963).

V. Le monde des histoires

La fabrication du récit est un domaine de recherches en pleine expansion. Les ouvrages qui suivent ont été marquants pour ce qui concerne des aspects développementaux de la narration. Par ordre chronologique : *The Pear Stories*, W. Chafe ed. (Norwood, N.J., Ablex, 1980), *Developmental Psycholinguistics : Three Ways of Looking at a Child's Narrative*, C. Peterson and A. McCabe (New York, Plenum, 1983), *Event Knowledge : Structure and Function in Development*, K. Nelson (Hillsdale, N.J., Lawrence Erlbaum, 1986), *Actual Minds, Possible Worlds*, J.S. Bruner (Cambridge, Havard University Press, 1986), *Narratives from the Crib*, K. Nelson ed. (Cambridge, Harvard University Press, 1987).

Pour un aperçu du récit dans un contexte sociologique, voir *Sociolinguistique*, W. Labov (Minuit, 1976). Et pour se faire une idée du récit vu selon une perspective historique, clinique et psychanalytique, se reporter aux articles de W. J. T. Mitchell in *On Narrative* (Chicago, University of Chicago Press, 1981).

Remerciements

Mes meilleures sources pour cet ouvrage ont été mes propres enfants, Alice, Adrien, Kaia, Maria et Michael, par ordre croissant d'âge et de fraîcheur des souvenirs. Michael, Maria et Kaia, qui sont maintenant assez âgés pour lire le manuscrit, l'ont enrichi de précieux commentaires nés d'une double connaissance, celle de leur père et d'eux-mêmes.

Certains passages du Journal de Joey se fondent sur des événements réellement survenus au début de la vie de l'un ou l'autre de mes enfants. Ce qui peut-être importe plus est que, lorsqu'ils étaient encore au berceau, ils m'ont amené, en tant que parent, à composer une chronique non écrite de ce que je pensais qu'ils étaient, ce que j'imaginais qu'ils éprouvaient – chronique que j'ai consultée constamment en m'efforçant d'être un bon père. En un sens, le Journal de Joey est le sixième que j'aie inventé.

L'autre source principale qui a donné matière à ce journal provient des parents et des nourrissons avec qui il m'a été donné de collaborer, en tant que thérapeute ou en tant que chercheur. Je tiens à les remercier pour leur contribution de tous les jours.

Les travaux de recherche sur la petite enfance sont au fondement de cet ouvrage. La bibliographie sélective reflète tout ce qu'il doit aux nombreuses personnes qui ont édifié cette connaissance.

En ce qui concerne l'écriture proprement dite du *Journal*, j'ai certaines dettes de reconnaissance particulières. Nadia Stern-Bruschweiler a suivi ce livre depuis sa conception, pratiquement à chaque étape. En tant que mère de famille et que pédopsychiatre, elle s'est montrée une précieuse source d'inspiration et d'encouragements, et a contribué à lui donner sa forme définitive. Elle a aussi aidé, avec vigueur et imagination, à rendre plus fidèle encore à ma pensée la voix française de Joey. Roanne Barnett, dans les phases finales de la rédaction, a apporté des avis pleins de clarté, de bon sens et de créativité.

J'ai fini par voir en Jo Ann Miller, ma directrice littéraire à *Basic Books*, une sorte de prestidigitatrice. Chaque fois qu'arrivait un moment où le Journal de Joey semblait m'échapper, elle le faisait réapparaître juste au bon moment. Et Phoebe Hoss, qui supervisa le manuscrit, reste à mes yeux une magicienne du mot et de la phrase, qui d'un coup de crayon change la grisaille en lumière et suscite la vie.

Je tiens à remercier Hyma Schubert et Virginia Sofios pour la préparation du manuscrit.

REMERCIEMENTS

Au cours de la période où j'ai écrit ce livre, mes recherches ont été soutenues par Warner Communications, Inc., Le Fonds National de Recherche Suisse, la MacArthur Foundation, et le Centre Sackler-Lefcourt pour le Développement de l'Enfant.

Genève, mars 1990.

Table des matières

Préface à la nouvelle édition I
Introduction : Des mondes se dévoilent 11

I. LE MONDE DES SENSATIONS.
JOEY À SIX SEMAINES

1. Une tache de soleil : 7 h 5 29
2. Chants de l'espace : 7 h 7 37
3. Tempête : 7 h 20 47
4. La tempête s'apaise : 7 h 25 53

II. LE MONDE SOCIAL IMMÉDIAT.
JOEY À QUATRE MOIS ET DEMI

1. Duo en face à face : 9 h 30 77
2. Temps, espace, courant : 12 heures 95

TABLE DES MATIÈRES

III. LE MONDE DES PAYSAGES PSYCHIQUES. JOEY À DOUZE MOIS

1. Voyage : 10 h 30	119
2. Une sensation partagée : 11 h 50	131

IV. LE MONDE DES MOTS; JOEY À VINGT MOIS

1. « Petite pomme » : 7 h 5	149
2. Des mondes en collision : 7 h 21	157

V. LE MONDE DES HISTOIRES. JOEY À QUATRE ANS

1. Mondes parallèles : 8 heures et 9 heures	177
Bibliographie	201
Remerciements	211

DANS LA COLLECTION « POCHES ODILE JACOB »

N° 1 : Aldo Naouri, *Les Filles et leurs mères*
N° 2 : Boris Cyrulnik, *Les Nourritures affectives*
N° 3 : Jean-Didier Vincent, *La Chair et le Diable*
N° 4 : Jean François Deniau, *Le Bureau des secrets perdus*
N° 5 : Stephen Hawking, *Trous noirs et Bébés univers*
N° 6 : Claude Hagège, *Le Souffle de la langue*
N° 7 : Claude Olievenstein, *Naissance de la vieillesse*
N° 8 : Édouard Zarifian, *Les Jardiniers de la folie*
N° 9 : Caroline Eliacheff, *À corps et à cris*
N° 10 : François Lelord, Christophe André, *Comment gérer les personnalités difficiles*
N° 11 : Jean-Pierre Changeux, Alain Connes, *Matière à pensée*
N° 12 : Yves Coppens, *Le Genou de Lucy*
N° 13 : Jacques Ruffié, *Le Sexe et la Mort*
N° 14 : François Roustang, *Comment faire rire un paranoïaque ?*
N° 15 : Jean-Claude Duplessy, Pierre Morel, *Gros Temps sur la planète*
N° 16 : François Jacob, *La Souris, la Mouche et l'Homme*
N° 17 : Marie-Frédérique Bacqué, *Le Deuil à vivre*
N° 18 : Gerald M. Edelman, *Biologie de la conscience*
N° 19 : Samuel P. Huntington, *Le Choc des civilisations*
N° 20 : Dan Kiley, *Le Syndrome de Peter Pan*
N° 21 : Willy Pasini, *À quoi sert le couple ?*
N° 22 : Françoise Héritier, Boris Cyrulnik, Aldo Naouri, *De l'inceste*
N° 23 : Tobie Nathan, *Psychanalyse païenne*
N° 24 : Raymond Aubrac, *Où la mémoire s'attarde*
N° 25 : Georges Charpak, Richard L. Garwin, *Feux follets et Champignons nucléaires*
N° 26 : Henry de Lumley, *L'Homme premier*
N° 27 : Alain Ehrenberg, *La Fatigue d'être soi*
N° 28 : Jean-Pierre Changeux, Paul Ricœur, *Ce qui nous fait penser*
N° 29 : André Brahic, *Enfants du Soleil*
N° 30 : David Ruelle, *Hasard et Chaos*
N° 31 : Claude Olievenstein, *Le Non-dit des émotions*
N° 32 : Édouard Zarifian, *Des paradis plein la tête*
N° 33 : Michel Jouvet, *Le Sommeil et le Rêve*
N° 34 : Jean-Baptiste de Foucauld, Denis Piveteau, *Une société en quête de sens*
N° 35 : Jean-Marie Bourre, *La Diététique du cerveau*
N° 36 : François Lelord, *Les Contes d'un psychiatre ordinaire*
N° 37 : Alain Braconnier, *Le Sexe des émotions*

N° 38 : Temple Grandin, *Ma vie d'autiste*
N° 39 : Philippe Taquet, *L'Empreinte des dinosaures*
N° 40 : Antonio R. Damasio, *L'Erreur de Descartes*
N° 41 : Édouard Zarifian, *La Force de guérir*
N° 42 : Yves Coppens, *Pré-ambules*
N° 43 : Claude Fischler, *L'Homnivore*
N° 44 : Brigitte Thévenot, Aldo Naouri, *Questions d'enfants*
N° 45 : Geneviève Delaisi de Parseval, Suzanne Lallemand, *L'Art d'accommoder les bébés*
N° 46 : François Mitterrand, Elie Wiesel, *Mémoire à deux voix*
N° 47 : François Mitterrand, *Mémoires interrompus*
N° 48 : François Mitterrand, *De l'Allemagne, de la France*
N° 49 : Caroline Eliacheff, *Vies privées*
N° 50 : Tobie Nathan, *L'Influence qui guérit*
N° 51 : Éric Albert, Alain Braconnier, *Tout est dans la tête*
N° 52 : Judith Rapoport, *Le garçon qui n'arrêtait pas de se laver*
N° 53 : Michel Cassé, *Du vide et de la création*
N° 54 : Ilya Prigogine, *La Fin des certitudes*
N° 55 : Ginette Raimbault, Caroline Eliacheff, *Les Indomptables*
N° 56 : Marc Abélès, *Un ethnologue à l'Assemblée*
N° 57 : Alicia Lieberman, *La Vie émotionnelle du tout-petit*
N° 58 : Robert Dantzer, *L'Illusion psychosomatique*
N° 59 : Marie-Jo Bonnet, *Les Relations amoureuses entre les femmes*
N° 60 : Irène Théry, *Le Démariage*
N° 61 : Claude Lévi-Strauss, Didier Éribon, *De près et de loin*
N° 62 : François Roustang, *La Fin de la plainte*
N° 63 : Luc Ferry, Jean-Didier Vincent, *Qu'est-ce que l'homme ?*
N° 64 : Aldo Naouri, *Parier sur l'enfant*
N° 65 : Robert Rochefort, *La Société des consommateurs*
N° 66 : John Cleese, Robin Skynner, *Comment être un névrosé heureux*
N° 67 : Boris Cyrulnik, *L'Ensorcellement du monde*
N° 68 : Darian Leader, *À quoi penses-tu ?*
N° 69 : Georges Duby, *L'Histoire continue*
N° 70 : David Lepoutre, *Cœur de banlieue*
N° 71 : Université de tous les savoirs 1, *La Géographie et la Démographie*
N° 72 : Université de tous les savoirs 2, *L'Histoire, la Sociologie et l'Anthropologie*
N° 73 : Université de tous les savoirs 3, *L'Économie, le Travail, l'Entreprise*
N° 74 : Christophe André, François Lelord, *L'Estime de soi*

N° 75 : Université de tous les savoirs 4, *La Vie*
N° 76 : Université de tous les savoirs 5, *Le Cerveau, le Langage, le Sens*
N° 77 : Université de tous les savoirs 6, *La Nature et les Risques*
N° 78 : Boris Cyrulnik, *Un merveilleux malheur*
N° 79 : Université de tous les savoirs 7, *Les Technologies*
N° 80 : Université de tous les savoirs 8, *L'Individu dans la société d'aujourd'hui*
N° 81 : Université de tous les savoirs 9, *Le Pouvoir, L'État, la Politique*
N° 82 : Jean-Didier Vincent, *Biologie des passions*
N° 83 : Université de tous les savoirs 10, *Les Maladies et la Médecine*
N° 84 : Université de tous les savoirs 11, *La Philosophie et l'Éthique*
N° 85 : Université de tous les savoirs 12, *La Société et les Relations sociales*
N° 86 : Roger-Pol Droit, *La Compagnie des philosophes*
N° 87 : Université de tous les savoirs 13, *Les Mathématiques*
N° 88 : Université de tous les savoirs 14, *L'Univers*
N° 89 : Université de tous les savoirs 15, *Le Globe*
N° 90 : Jean-Pierre Changeux, *Raison et Plaisir*
N° 91 : Antonio R. Damasio, *Le Sentiment même de soi*
N° 92 : Université de tous les savoirs 16, *La Physique et les Éléments*
N° 93 : Université de tous les savoirs 17, *Les États de la matière*
N° 94 : Université de tous les savoirs 18, *La Chimie*
N° 95 : Claude Olievenstein, *L'Homme parano*
N° 96 : Université de tous les savoirs 19, *Géopolitique et Mondialisation*
N° 97 : Université de tous les savoirs 20, *L'Art et la Culture*
N° 98 : Claude Hagège, *Halte à la mort des langues*
N° 99 : Jean-Denis Bredin, Thierry Lévy, *Convaincre*
N° 100 : Willy Pasini, *La Force du désir*
N° 101 : Jacques Fricker, *Maigrir en grande forme*
N° 102 : Nicolas Offenstadt, *Les Fusillés de la Grande Guerre*
N° 103 : Catherine Reverzy, *Femmes d'aventure*
N° 104 : Willy Pasini, *Les Casse-pieds*
N° 105 : Roger-Pol Droit, *101 Expériences de philosophie quotidienne*
N° 106 : Jean-Marie Bourre, *La Diététique de la performance*
N° 107 : Jean Cottraux, *La Répétition des scénarios de vie*
N° 108 : Christophe André, Patrice Légeron, *La Peur des autres*

N° 109 : Amartya Sen, *Un nouveau modèle économique*
N° 110 : John D. Barrow, *Pourquoi le monde est-il mathématique ?*
N° 111 : Richard Dawkins, *Le Gène égoïste*
N° 112 : Pierre Fédida, *Des bienfaits de la dépression*
N° 113 : Patrick Légeron, *Le Stress au travail*
N° 114 : François Lelord, Christophe André, *La Force des émotions*
N° 115 : Marc Ferro, *Histoire de France*
N° 116 : Stanislas Dehaene, *La Bosse des maths*
N° 117 : Willy Pasini, Donato Francescato, *Le Courage de changer*
N° 118 : François Heisbourg, *Hyperterrorisme : la nouvelle guerre*
N° 119 : Marc Ferro, *Le Choc de l'Islam*
N° 120 : Régis Debray, *Dieu, un itinéraire*
N° 121 : Georges Charpak, Henri Broch, *Devenez sorciers, devenez savants*
N° 122 : René Frydman, *Dieu, la Médecine et l'Embryon*
N° 123 : Philippe Brenot, *Inventer le couple*
N° 124 : Jean Le Camus, *Le Vrai Rôle du père*
N° 125 : Elisabeth Badinter, *XY*
N° 126 : Elisabeth Badinter, *L'Un est l'Autre*
N° 127 : Laurent Cohen-Tanugi, *L'Europe et l'Amérique au seuil du XXIe siècle*
N° 128 : Aldo Naouri, *Réponses de pédiatre*
N° 129 : Jean-Pierre Changeux, *L'Homme de vérité*
N° 130 : Nicole Jeammet, *Les Violences morales*
N° 131 : Robert Neuburger, *Nouveaux Couples*
N° 132 : Boris Cyrulnik, *Les Vilains Petits Canards*
N° 133 : Christophe André, *Vivre heureux*
N° 134 : François Lelord, *Le Voyage d'Hector*
N° 135 : Alain Braconnier, *Petit ou grand anxieux ?*
N° 136 : Juan Luis Arsuaga, *Le Collier de Néandertal*
N° 137 : Daniel Sibony, *Don de soi ou partage de soi*
N° 138 : Claude Hagège, *L'Enfant aux deux langues*
N° 139 : Roger-Pol Droit, *Dernières Nouvelles des choses*
N° 140 : Willy Pasini, *Être sûr de soi*
N° 141 : Massimo Piattelli Palmarini, *Le Goût des études ou comment l'acquérir*
N° 142 : Michel Godet, *Le Choc de 2006*
N° 143 : Gérard Chaliand, Sophie Mousset, *2 000 ans de chrétientés*
N° 145 : Christian De Duve, *À l'écoute du vivant*

- N° 146 : Aldo Naouri, *Le Couple et l'Enfant*
- N° 147 : Robert Rochefort, *Vive le papy-boom*
- N° 148 : Dominique Desanti, Jean-Toussaint Desanti, *La liberté nous aime encore*
- N° 149 : François Roustang, *Il suffit d'un geste*
- N° 150 : Howard Buten, *Il y a quelqu'un là-dedans*
- N° 151 : Catherine Clément, Tobie Nathan, *Le Divan et le Grigri*
- N° 152 : Antonio R. Damasio, *Spinoza avait raison*
- N° 153 : Bénédicte de Boysson-Bardies, *Comment la parole vient aux enfants*
- N° 154 : Michel Schneider, *Big Mother*
- N° 155 : Willy Pasini, *Le Temps d'aimer*
- N° 156 : Jean-François Amadieu, *Le Poids des apparences*
- N° 157 : Jean Cottraux, *Les Ennemis intérieurs*
- N° 158 : Bill Clinton, *Ma Vie*
- N° 159 : Marc Jeannerod, *Le Cerveau intime*
- N° 160 : David Khayat, *Les Chemins de l'espoir*
- N° 161 : Jean Daniel, *La Prison juive*
- N° 162 : Marie-Christine Hardy-Baylé, Patrick Hardy, *Maniaco-dépressif*
- N° 163 : Boris Cyrulnik, *Le Murmure des fantômes*
- N° 164 : Georges Charpak, Roland Omnès, *Soyez savants, devenez prophètes*
- N° 165 : Aldo Naouri, *Les Pères et les Mères*
- N° 166 : Christophe André, *Psychologie de la peur*
- N° 167 : Alain Peyrefitte, *La Société de confiance*
- N° 168 : François Ladame, *Les Éternels Adolescents*
- N° 169 : Didier Pleux, *De l'enfant roi à l'enfant tyran*
- N° 170 : Robert Axelrod, *Comment réussir dans un monde d'égoïstes*
- N° 171 : François Millet-Bartoli, *La Crise du milieu de la vie*
- N° 172 : Hubert Montagner, *L'Attachement*
- N° 173 : Jean-Marie Bourre, *La Nouvelle Diététique du cerveau*
- N° 174 : Willy Pasini, *La Jalousie*
- N° 175 : Frédéric Fanget, *Oser*
- N° 176 : Lucy Vincent, *Comment devient-on amoureux ?*
- N° 177 : Jacques Melher, Emmanuel Dupoux, *Naître humain*
- N° 178 : Gérard Apfeldorfer, *Les Relations durables*
- N° 179 : Bernard Lechevalier, *Le Cerveau de Mozart*
- N° 180 : Stella Baruk, *Quelles mathématiques pour l'école ?*

N° 181 : Patrick Lemoine, *Le Mystère du placebo*
N° 182 : Boris Cyrulnik, *Parler d'amour au bord du gouffre*
N° 183 : Alain Braconnier, *Mère et Fils*
N° 184 : Jean-Claude Carrière, *Einstein, s'il vous plaît*
N° 185 : Aldo Naouri, Sylvie Angel, Philippe Gutton, *Les Mères juives*
N° 186 : Jean-Marie Bourre, *La Vérité sur les oméga-3*
N° 187 : Édouard Zarifian, *Le Goût de vivre*
N° 188 : Lucy Vincent, *Petits arrangements avec l'amour*
N° 189 : Jean-Claude Carrière, *Fragilité*
N° 190 : Luc Ferry, *Vaincre les peurs*
N° 191 : Henri Broch, *Gourous, sorciers et savants*
N° 192 : Aldo Naouri, *Adultères*
N° 193 : Violaine Guéritault, *La Fatigue émotionnelle et physique des mères*
N° 194 : Sylvie Angel et Stéphane Clerget, *La Deuxième Chance en amour*
N° 195 : Barbara Donville, *Vaincre l'autisme*
N° 196 : François Roustang, *Savoir attendre*
N° 197 : Alain Braconnier, *Les Filles et les Pères*
N° 198 : Lucy Vincent, *Où est passé l'amour ?*
N° 199 : Claude Hagège, *Combat pour le français*
N° 200 : Boris Cyrulnik, *De chair et d'âme*
N° 201 : Jeanne Siaud-Facchin, *Aider son enfant en difficulté scolaire*
N° 202 : Laurent Cohen, *L'Homme-thermomètre*
N° 203 : François Lelord, *Hector et les secrets de l'amour*
N° 204 : Willy Pasini, *Des hommes à aimer*
N° 205 : Jean-François Gayraud, *Le Monde des mafias*
N° 206 : Claude Béata, *La Psychologie du chien*
N° 207 : Denis Bertholet, *Claude Lévi-Strauss*
N° 208 : Alain Bentolila, *Le Verbe contre la barbarie*
N° 209 : François Lelord, *Le Nouveau Voyage d'Hector*
N° 210 : Pascal Picq, *Lucy et l'obscurantisme*
N° 211 : Marc Ferro, *Le Ressentiment dans l'histoire*
N° 212 : Willy Pasini, *Le Couple amoureux*
N° 213 : Christophe André, François Lelord, *L'Estime de soi*
N° 214 : Lionel Naccache, *Le Nouvel Inconscient*
N° 215 : Christophe André, *Imparfaits, libres et heureux*

- N° 216 : Michel Godet, *Le Courage du bon sens*
- N° 217 : Daniel Stern, Nadia Bruschweiler, *Naissance d'une mère*
- N° 218 : Gérard Apfeldorfer, *Mangez en paix !*
- N° 219 : Libby Purves, *Comment ne pas être une mère parfaite*
- N° 220 : Gisèle George, *La Confiance en soi de votre enfant*
- N° 221 : Libby Purves, *Comment ne pas élever des enfants parfaits*
- N° 222 : Claudine Biland, *Psychologie du menteur*
- N° 223 : Dr Hervé Grosgogeat, *La Méthode acide-base*
- N° 224 : François-Xavier Poudat, *La Dépendance amoureuse*
- N° 225 : Barack Obama, *Le Changement*
- N° 226 : Aldo Naouri, *Éduquer ses enfants*
- N° 227 : Dominique Servant, *Soigner le stress et l'anxiété par soi-même*
- N° 228 : Anthony Rowley, *Une histoire mondiale de la table*
- N° 229 : Jean-Didier Vincent, *Voyage extraordinaire au centre du cerveau*
- N° 230 : Frédéric Fanget, *Affirmez-vous !*
- N° 231 : Gisèle George, *Mon enfant s'oppose*
- N° 232 : Sylvie Royant-Parola, *Comment retrouver le sommeil par soi-même*
- N° 233 : Christian Zaczyck, *Comment avoir de bonnes relations avec les autres*
- N° 234 : Jeanne Siaud-Facchin, *L'Enfant surdoué*
- N° 235 : Bruno Koeltz, *Comment ne pas tout remettre au lendemain*
- N° 236 : Henri Lôo et David Gourion, *Guérir de la dépression*
- N° 237 : Henri Lumley, *La Grande Histoire des premiers hommes européens*
- N° 238 : Boris Cyrulnik, *Autobiographie d'un épouvantail*
- N° 239 : Monique Bydbowski, *Je rêve un enfant*
- N° 240 : Willy Pasini, *Les Nouveaux Comportements sexuels*
- N° 241 : Dr Jean-Philippe Zermati, *Maigrir sans regrossir. Est-ce possible ?*
- N° 242 : Patrick Pageat, *L'Homme et le Chien*
- N° 243 : Philippe Brenot, *Le Sexe et l'Amour*
- N° 244 : Georges Charpak, *Mémoires d'un déraciné*
- N° 245 : Yves Coppens, *L'Histoire de l'Homme*
- N° 246 : Boris Cyrulnik, *Je me souviens*
- N° 247 : Stéphanie Hahusseau, *Petit guide de l'amour heureux à l'usage des gens (un peu) compliqués*

N° 248 : Jean-Marie Bourre, *Bien manger : vrais et faux dangers*
N° 249 : Jean-Philippe Zermati, *Maigrir sans régime*
N° 250 : François-Xavier Poudat, *Bien vivre sa sexualité*
N° 251 : Stéphanie Hahusseau, *Comment ne pas se gâcher la vie*
N° 252 : Christine Mirabel-Sarron, *La Dépression*
N° 253 : Jean-Pierre Changeux, *Du vrai, du beau, du bien*
N° 254 : Philippe Jeammet, *Pour nos ados, soyons adultes*
N° 255 : Antoine Alaméda, *Les 7 Péchés familiaux*
N° 256 : Alain Renaut, *Découvrir la philosophie 1, le Sujet*
N° 257 : Alain Renaut, *Découvrir la philosophie 2, la Culture*
N° 258 : Alain Renaut, *Découvrir la philosophie 3, la Raison et le Réel*
N° 259 : Alain Renaut, *Découvrir la philosophie 4, la Politique*
N° 260 : Alain Renaut, *Découvrir la philosophie 5, la Morale*
N° 261 : Frédéric Fanget, *Toujours mieux !*
N° 262 : Robert Ladouceur, Lynda Bélanger, Éliane Léger, *Arrêtez de vous faire du souci pour tout et pour rien*
N° 263 : Marie Lion-Julin, *Mères : libérez vos filles*
N° 264 : Willy Pasini, *Les Amours infidèles*
N° 265 : Jean Cottraux, *La Force avec soi*
N° 266 : Olivier de Ladoucette, *Restez jeune, c'est dans la tête*
N° 267 : Jacques Lecomte, *Guérir de son enfance*
N° 268 : Béatrice Millêtre, *Prendre la vie du bon côté*
N° 269 : Francesco et Luca Cavalli-Sforza, *La Science du bonheur*
N° 270 : Marc-Louis Bourgeois, *Manie et dépression*
N° 271 : Thierry Lévy, *Éloge de la barbarie judiciare*
N° 272 : Gilles Godefroy, *L'Aventure des nombres*
N° 273 : Giacomo Rizzolatti, Corrado Sinigaglia, *Les Neurones miroirs*
N° 274 : Laurent Cohen, *Pourquoi les champanzés ne parlent pas*
N° 275 : Stéphanie Hahusseau, *Tristesse, peur, colère*
N° 276 : Élie Hantouche et Vincent Trybou, *Vivre heureux avec des hauts et des bas*
N° 277 : Jacques Fricker, *Être mince et en bonne santé*
N° 278 : Jacques Fricker, *101 conseils pour bien maigrir*
N° 279 : Hervé Grosgogeat, *Ma promesse anti-âge*
N° 280 : Ginette Raimbault, *Lorsque l'enfant disparaît*
N° 281 : François Ansermet, Pierre Magistretti, *À chacun son cerveau*
N° 282 : Yves Coppens, *Le Présent du passé*

N° 283 : Christian De Duve, *Singularités*
N° 284 : Edgar Gunzig, *Que faisiez-vous avant le Big Bang ?*
N° 285 : David Ruelle, *L'Étrange Beauté des mathématiques*
N° 286 : Thierry Lodé, *La Guerre des sexes chez les animaux*
N° 287 : Michel Desjoyeaux, *Coureur des océans*
N° 288 : Anthony Rowley, Fabrice d'Almeida, *Et si on refaisait l'histoire*
N° 289 : Pierre-Jean Rémy, *Karajan*
N° 290 : Jacques Delors, Michel Dollé, *Investir dans le social*
N° 291 : Jean-Didier Vincent, *Casanova, la contagion du plaisir*
N° 292 : Claude Crépault, *Les Fantasmes, l'Érotisme et la Sexualité*
N° 293 : Philippe Brenot, *Les Violences ordinaires des hommes envers les femmes*
N° 297 : Philippe Brenot, *Le Génie et la Folie*
N° 298 : Alexandre Moatti, *Indispensables physiques et mathématiques pour tous*
N° 299 : Jean-Michel Severino et Olivier Ray, *Le Temps de l'Afrique*
N° 300 : François Roustang, *Le Secret de Socrate pour changer la vie*
N° 301 : Maurice Sachot, *L'Invention du Christ*
N° 302 : Vincent Courtillot, *Nouveau Voyage au centre de la Terre*
N° 303 : Peter Reichel, *La Fascination du nazisme*
N° 304 : Alain Braconnier, *Protéger son soi*
N° 305 : Daniel Stern, *Le Journal d'un bébé*
N° 306 : Alain Ehrenberg, *La Société du malaise*
N° 307 : Pascal Picq, *Le Sexe, l'Homme et l'Évolution*
N° 308 : Roger-Pol Droit, *Vivre aujourd'hui avec Socrate, Épicure, Sénèque et tous les autres*
N° 309 : Jacques Fricker, Luc Cynober, *La Vérité sur les compléments alimentaires*
N° 310 : Michel Godet, *Bonnes nouvelles des Conspirateurs du futur*
N° 311 : Jean-Marie Bourre, *Le Lait : vrais et faux dangers*
N° 312 : Didier Pleux, *Manuel d'éducation à l'usage des parents*
N° 313 : Lucy Vincent, *L'Amour de A à XY*
N° 314 : Yves Coppens, *Le Présent du passé au carré*

Cet ouvrage a été imprimé en France par

à Saint-Amand-Montrond (Cher)
en février 2013

N° d'édition : 7381-2267-2 – N° d'impression : 125139
Dépôt légal : mars 2012